ABRÉGÉ

DE

L'HISTOIRE DES ÉGLISES RÉFORMÉES DU PAYS DE GEX

PAR

THÉODORE CLAPARÈDE

Rédigé par son ancien collaborateur
F. NAEF

GENÈVE
A. CHERBULIEZ, LIBRAIRE-ÉDITEUR
Rue Bovy-Lysberg

1891

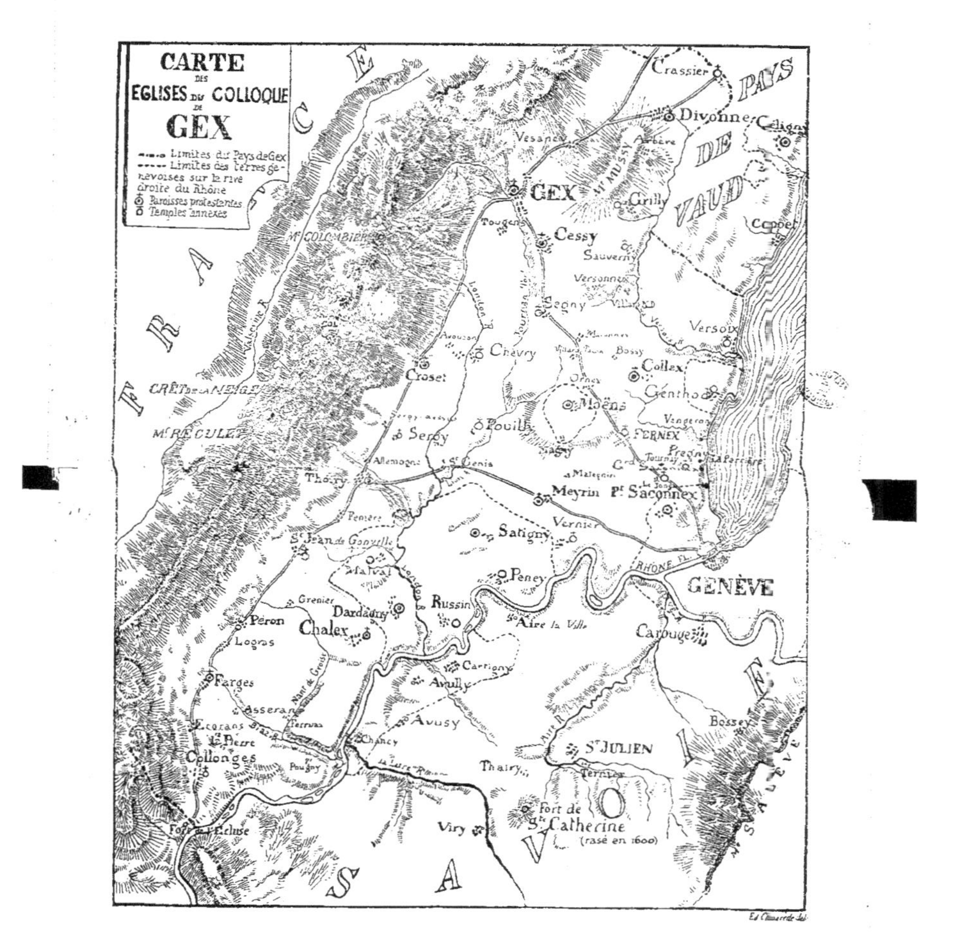
CARTE
DES
EGLISES DU COLLOQUE
DE
GEX
Limites du Pays de Gex
Limites des terres genevoises sur la rive droite du Rhône
Paroisses protestantes
Temples annexés
FRANCE
PAYS DE VAUD
SAVOIE
GEX
GENÈVE
Divonne
Crassier
Vesancy
Mt MUSSY
Grilly
Coppet
Cessy
Sauverny
Versonnex
Segny
Versoix
Chevry
Collex
Crozet
Moëns
Genthod
Sergy
Pouilly
FERNEX
Mt COLOMBIER
CRÊT de la NEIGE
Mt RECULET
Thoiry
Allemogne
St Genis
Meyrin
Pt Saconnex
Satigny
Vernier
Peney
RHÔNE FL.
St Jean de Gonville
Russin
Dardagny
Péron
Chalex
Aire la Ville
Carouge
Logras
Farges
Cartigny
Avully
Asserans
Avusy
Écorans
St Pierre
Collonges
Chancy
Pougny
St JULIEN
Thairy
Bossey
Fort de l'Écluse
Viry
Fort de Ste Catherine
(rasé en 1600)
Mt SALÈVE

ABRÉGÉ

DE

L'HISTOIRE DES ÉGLISES RÉFORMÉES DU PAYS DE GEX

PAR

THÉODORE CLAPARÈDE

Rédigé par son ancien collaborateur
F. NAEF

GENÈVE
A. CHERBULIEZ, LIBRAIRE-ÉDITEUR
Rue Bovy-Lysberg

1891

GENÈVE. — IMP. M. RICHTER, RUE DES VOIRONS, 10.

INTRODUCTION

Il est, entre le Rhône et le Jura, non loin de Genève, une petite contrée appartenant à la France et connue sous le nom de pays de Gex. Cette dénomination, qui remonte vraisemblablement au temps où les seigneurs de Gex dominaient sur ce pays, paraît destinée à se conserver longtemps encore, bien que le territoire auquel elle s'applique ne soit plus aujourd'hui qu'un arrondissement du vaste département de l'Ain; mais le Jura, comme une haute muraille, sépare du reste de la France cette petite province, et lui donne pour centre naturel Genève, à laquelle elle se rattache également par son histoire et par ses souvenirs.

Sur une longueur d'environ six lieues, le pays de Gex n'a guère plus de deux lieues et demie dans sa plus grande largeur. Le lac, le Rhône et le Jura, au pied duquel il s'étend, le circonscriraient d'une manière assez précise, s'il n'était borné au sud-est par le territoire de Genève, dont la délimitation arbitraire a beaucoup varié avec les phases diverses qu'a subies cette république. Le pays de Gex présente un sol assez varié, entrecoupé de bois et de coteaux, et arrosé par plusieurs rivières ou torrents, dont les principaux sont le Lion, la London et la Versoix. La partie la plus fertile, la plus pittoresque et la plus peuplée, est en même temps la plus rapprochée du Jura. Les environs d'Allemogne, de Divonne et de Crassier sont remarquables par la beauté de leurs eaux et de leurs ombrages, et seraient sans doute mieux connus et mieux appréciés si le voisinage des sites majestueux et variés de la Suisse et de la Savoie n'en détournait aisément les regards. Mais ne plaignons pas les habitants de ces hameaux de l'espèce d'isolement relatif où les laisse le peuple brillant des touristes ; félicitons-les, bien plutôt, de ce qu'une heureuse égalité de fortune s'est conservée au milieu d'eux, et de ce que la moralité, la simplicité des habitudes, l'amour du travail et de l'instruction, généralement répandus dans le pays, servent de sauvegarde à leur bonheur.

On peut compter, dans la contrée dont nous venons de parler, une trentaine de villages ou de hameaux et deux petites villes : Gex et Fernex ; encore la dernière de ces localités aurait-elle à peine droit à cette qualification si sa position centrale, les travaux et le souvenir de Voltaire, et une population plus industrielle qu'agricole, n'en faisaient un endroit à part, et un village différent des autres villages du pays.

La religion catholique est aujourd'hui de beaucoup la plus répandue dans l'arrondissement. Toutefois le culte protestant, après avoir été, comme nous le verrons, violemment extirpé de la contrée, au sein de laquelle il avait dominé pendant un siècle et demi, y a retrouvé sa place et se célèbre maintenant à Gex, à Divonne, à Fernex et dans quelques autres endroits, sous la direction du Conseil presbytéral et du pasteur de cette dernière Église, auxquels se rattachent également les fidèles disséminés dans tous les villages de l'arrondissement de Gex.

Les faits qui feront l'objet de cette histoire peuvent se répartir en trois grandes périodes :

La première, après nous avoir montré l'établissement de la réformation dans cette contrée, nous conduira, au travers des guerres du seizième siècle, jusqu'à l'époque où, en passant sous la domination française, les Églises du pays de Gex furent soumises à l'édit de Nantes.

La seconde nous retracera les destinées et les luttes de ces Églises sous le régime de l'édit jusqu'au moment de sa suppression.

La troisième, après nous avoir fait assister à l'entier anéantissement de la Réforme dans le pays pendant un grand nombre d'années, nous permettra enfin de contempler la fondation de quelques Églises nouvelles sur les ruines de celles qui y avaient précédemment fleuri.

PREMIÈRE PÉRIODE

—

Depuis l'introduction de la Réforme jusqu'à l'établissement de l'édit de Nantes dans le pays de Gex.

1536—1601.

CHAPITRE Ier

A l'époque où les doctrines évangéliques commencèrent à être proclamées dans l'Helvétie romande par la voix des réformateurs, le pays de Gex se trouvait placé, depuis près de deux siècles, sous la domination de la maison de Savoie. Il serait bien difficile de déterminer si quelques éléments de rénovation religieuse purent pénétrer dans cette contrée avant le temps de sa conquête par les Bernois en 1536. Le contact de Genève libre et réformée, les vexations auxquelles les habitants étaient exposés de la part des seigneurs, et particulièrement des Peneysans et des gentilshommes de la Cuiller, la répulsion que pouvaient exciter chez eux les mœurs corrompues de certains membres du clergé, avaient pu, sans doute, faire germer, dans l'esprit de plusieurs d'entre eux, le désir bien naturel de secouer aussi le joug de Rome et de mettre, en même temps, un terme à la tyrannie du duc de Savoie et aux brigandages des nobles qui infestaient le pays. Une curieuse pièce, conservée dans les archives de Genève, peut, quoique postérieure d'une année à la conquête du pays de Gex, venir à l'appui de cette assertion. C'est une lettre adressée à la seigneurie de Genève par les hommes de Chalex; elle prouve que les habitants de ce village avaient été tout particulièrement en butte aux mauvais traitements des Peneysans, et cela par la raison qu'ils étaient *tels que les Genevois,* c'est-à-dire zélés pour la réformation.

Mais cette aspiration vers un nouvel ordre de choses, à supposer qu'elle eût pu naître dans des esprits si longtemps formés à une obéissance passive et machinale, avait sans doute été soigneusement dissimulée par ceux même qui l'avaient conçue. La pression très puissante du clergé, l'autorité et souvent la présence du duc durent obliger les partisans cachés des croyances évangéliques à renfermer leurs vues et leurs opinions dans le secret de leurs consiences; et bien loin que la ville de Gex et son petit territoire fussent à cette époque un foyer de réformation et de lumières, ils servirent, au contraire, jusqu'à la conquête des Bernois, de quartier général au parti catholique et savoyard, et de centre d'opérations pour tout ce que ce parti pouvait tramer de contraire à Genève et à sa liberté civile et religieuse. C'est ainsi qu'en 1533 nous voyons les Savoyards et les Mammelus, chassés de Genève et *réfugiés à Gex,* solliciter de l'évêque Pierre de la Baume, qui passait par cette dernière ville, leur réintégration et la punition de leurs adversaires. L'année suivante, le même prélat ayant ouvertement rompu avec les Genevois, transférait à Gex le tribunal de son officialité. Les syndics et le Conseil de Genève s'étant refusés à reconnaître cette translation, cette démarche de l'évêque fut le dernier coup porté à son autorité dans sa ville épiscopale ; mais nous n'avons pas à nous étendre longuement sur ce fait : il suffisait de le signaler pour montrer quelle pouvait être la situation religieuse de la province de Gex à cette époque.

Quant à la situation politique, elle était tout analogue. Les seigneurs les plus influents du pays, celui de Divonne entre autres, ne cessèrent, de concert avec les fugitifs de Peney, de prendre une part active aux hostilités incessantes que le duc de Savoie dirigeait contre Genève malgré trêves et traités.

Vers la fin de l'année 1535, le duc Charles pressa plus vigoureusement les Genevois, cherchant à les pousser à bout par la famine et les tenant étroitement bloqués. Le pays de Gex était couvert de ses soldats. Au milieu de décembre, le roi de France, déjà brouillé avec le duc, fit partir un corps d'armée destiné à secourir Genève, et commandé par le sire de Verey. En arrivant à Gex, cet officier y rencontra les troupes ducales, sous les ordres du baron de la Sarraz, ennemi juré de Berne et de Genève, et chef de la ligue de la Cuiller. Après une assez vive escarmouche, Verey se voyant attaqué par des forces très-supérieures, laissa son monde campé sur la montagne de Gex et prit, avec quelques cavaliers, la route de Genève afin d'obtenir du secours ; il revint bientôt avec un renfort assez considérable ; mais, dans l'intervalle, les troupes françaises s'étaient dispersées, et après s'être avancés jusqu'à Ornex, les Genevois durent rentrer dans leurs murs.

Peu de temps après, le duc, jaloux d'affermir son autorité dans le pays de Gex, s'empara pour son compte du château de Peney, jusqu'alors occupé par les Genevois fugitifs, ses trop redoutables alliés. Toute la contrée semblait donc irrévocablement soumise à sa puissance, et Genève elle-même paraissait n'avoir pas pour longtemps à résister.

Soudain, la scène changea. Les Bernois, lassés des tergiversations de leur adversaire, craignant pour Genève et pour la réforme, et voyant surtout le moment favorable pour frapper un grand coup, déclarèrent la guerre au duc, le 16 janvier 1536. Dans le même instant, Genève repoussait un assaut nocturne, dernier effort du duc, que la fortune allait abandonner. En effet, tandis que les Genevois, enhardis par ce succès, harcelaient de tous côtés les troupes ducales, l'armée bernoise, sous le commandement de François Nægueli, parcourait en triomphe le pays de Vaud, chassant devant elle Italiens et Savoyards, et s'avançait vers Genève.

Huit jours ne s'étaient pas écoulés depuis son départ de Berne, lorsque Nægueli fit son entrée sur le territoire de Gex, le 30 janvier 1536; il suivait le pied du Jura, afin de n'avoir point à s'arrêter devant Nyon, qu'occupait encore une garnison italienne au service du duc. Mais cette précaution était superflue: les troupes ennemies disparurent à son approche, et, à son arrivée à Divonne, les députés de Nyon, de Gex et de Coppet vinrent lui présenter leurs soumissions; le sire de Divonne imita prudemment leur exemple. Les châteaux de Coppet et de Rolle, appartenant à des gentilshommes de la Cuiller, furent livrés aux flammes. Une garnison italienne occupait celui de Gex; elle se rendit aux Bernois, qui la renvoyèrent et mirent le feu au château le mardi 1er février.

Les Genevois, de leur côté, obtenaient des succès

rapides sur les troupes démoralisées du duc; ils s'emparèrent du château de Peney, qui leur avait causé tant de maux, et l'incendièrent. Une députation, composée de deux syndics, partit de Genève, sous bonne escorte, pour venir à Gex complimenter les chefs bernois et se concerter avec eux. L'armée de Berne se divisa aussitôt en deux corps : le premier réuni aux forces de la république de Genève, alla s'emparer du Chablais; le second, sous la conduite du capitaine Frisching, resta dans le pays de Gex comme armée d'occupation. Pour achever la conquête de la province, déjà désolée par la guerre de l'année précédente, ces troupes détruisirent quelques châteaux des environs, et s'avancèrent même jusqu'au fort de l'Écluse. La position avantageuse de cette place et les rigueurs de la saison firent échouer leur tentative, qui fut reprise, avec plus de succès, quelques jours plus tard. Le fort, abandonné par les Italiens qui le gardaient, reçut une garnison bernoise ayant pour commandant Jacob Hetzel. Les conquêtes de François Ier ne leur permettant pas d'aller plus loin, les Bernois tournèrent leurs pas vers Genève, où ils entrèrent le 16 février chargés de butin, et en repartirent, au bout de peu de jours, pour achever de soumettre le pays de Vaud.

Après s'être solidement affermis dans leurs nouvelles conquêtes, les vainqueurs s'occupèrent de l'administration du territoire annexé. Le 13 mai, ils le divisèrent en huit bailliages : la ville de Gex devint le centre d'un de ces gouvernements, et reçut pour premier bailli Jean-Rodolphe d'Erlach. La partie financière ne fut pas négligée par les Bernois ; pour se dédommager des frais de la guerre, ils s'emparèrent de l'administration des biens d'Église, et levèrent une imposition sur les pays conquis. La province de Gex ne fut point exempte de cet impôt, qui, hâtons-nous de le dire, porta surtout sur les villes et sur les seigneurs qui avaient opposé aux Bernois le plus de résistance; c'est ainsi que le baron du Châtelard, seigneur de Divonne, fut taxé à mille écus.

L'intérêt faillit un instant diviser Berne et Genève. On connaît les prétentions de la première de ces deux villes, et la noble fermeté avec laquelle les Genevois surent les repousser. Un traité, conclu le 7 août, mit fin à ces déplorables contestations. Les Genevois cédèrent à leurs alliés, entre autres places, le château de la Bastie-Collex, qui avait appartenu au seigneur de Lullin; ils reçurent en échange la souveraineté des terres de St-Victor, et une banlieue fut constituée à la ville, aux dépens des bailliages de Gaillard et de Gex, qui s'étendaient auparavant jusqu'à ses portes. Cette stipulation devait acquérir, par la suite, la plus grande importance.

Il ne fut cependant pas toujours facile aux Genevois de faire respecter par leurs voisins l'intégrité de leurs limites. Dès l'année suivante, les officiers de Gex firent acte de souveraineté à Satigny, sur les terres de Genève, et voulurent placer les armes de Berne devant le prieuré de ce village. Le gouvernement genevois dut députer Jean Lullin pour faire des remontrances à ces fonctionnaires, et fut même forcé de réclamer, auprès de leurs Excellences de Berne, la réparation d'une atteinte aussi grave aux conventions du 7 août. — L'année 1538 vit naître de nouvelles difficultés au sujet des cures de Moins, de Malval et de Russin, sur lesquelles le nouveau bailli de Gex, Jacob Hetzel, avait mis la main. Ces discussions traînèrent en longueur jusqu'à ce qu'une sentence arbitrale, rendue par les Bâlois, et connue sous le nom de *Départ de Bâle*, fût venue régler les points contestés. Par cet accord, qui, conclu en 1541, ne fut mis en vigueur qu'en février 1544, Genève recouvra la possession des villages contestés, sur lesquels Berne se réserva seulement la haute juridiction, et les frontières furent définitivement tracées.

Pour suivre ces divers démêlés entre les deux villes alliées, nous avons devancé l'ordre des temps; maintenant nous devons revenir sur nos pas pour raconter le grand fait religieux qui suivit la conquête du pays de Gex, et qui exerça sur toute la suite de son histoire une influence si profonde. Dès que les Bernois furent établis dans le bailliage, la foi réformée y fit de rapides progrès. Les croyances nouvelles commencèrent à s'y répandre, grâce au zèle des pasteurs de Genève, et en particulier de Farel, de Froment et de Fabri, prédicateur qui se fixa depuis à Thonon, et y exerça avec succès le ministère évangélique. Ces apôtres de la réforme purent prêcher dans la contrée sans y rencontrer d'opposition sérieuse, et le récit qui nous a été conservé d'une scène de violence, par laquelle un prêtre troubla un jour une prédication de Froment, semble indiquer qu'on prenait plaisir à entendre le réformateur, et qu'il avait pour lui les sympathies de la population. « Il y a peu de jours, écrivait Farel au bailli de Thonon, le 14 novembre 1536, Froment prêchait à Collonges, dans le pays de Gex, et trouvait le peuple d'assez bonne affection, lorsque le curé.... est venu, avec un sien parent, mettre empêchement à la prédication, retirer les gens du sermon, jeter des pierres à ceux qui écoutaient, et faire du pis qu'ils ont pu. »

Mais bientôt les Bernois eux-mêmes songèrent à introduire la réforme dans les provinces qu'ils avaient conquises, et voyant la profonde ignorance et l'incroyable superstition de leurs nouveaux sujets des pays de Vaud, de Gex et du Chablais, ils résolurent de les éclairer par une dispute publique de religion, qu'ils convoquèrent à Lausanne pour le 1er octobre 1536 ; ils ordonnèrent à tous les ecclésiastiques de ces pays de s'y trouver, et prirent toutes les précautions nécessaires pour assurer la plus grande liberté aux assistants. Après quatre jours de discussion, une partie des ecclésiastiques des pays conquis passa du côté de la réforme ; on leur fit une allocution pour les engager à ne prêcher que la pure parole de Dieu, et on leur permit de retourner chez eux, si bon leur semblait.

La dispute terminée, les seigneurs de Berne mirent la main, avec prudence, mais avec fermeté, à l'œuvre de la Réformation, déjà bien avancée, du moins dans les environs de Genève, par le ministère des réformateurs de cette ville. Vers la fin d'octobre, les baillis reçurent l'ordre d'enlever des temples les images et les autels ; cette mesure, qui souleva quelques troubles dans la partie orientale du pays de Vaud, fut exécutée sans opposition dans le bailliage de Gex. Enfin, au début de l'an 1537, un édit de réformation fut publié dans les pays de Vaud, de Chablais et de Gex. Ce décret interdisait sans restriction l'exercice du culte romain et portait ainsi l'empreinte de ce caractère d'intolérance que l'on retrouve, en mesure à peu près égale, dans chacun des deux camps, qui, au seizième siècle, se partageaient le monde religieux ; cependant il ne contenait guère que des prescriptions tout extérieures et ne prétendait pas pénétrer, d'une manière violente, dans le domaine de la conscience. On y rencontrait d'ailleurs des dispositions d'humanité et de charité propres à concilier l'affection des peuples à leurs nouveaux maîtres. Il fut exécuté avec lenteur et ménagement et des précautions remarquables pour l'époque furent prises pour assurer, soit aux laïques, soit aux prêtres qui avaient persisté dans leurs croyances, une liberté individuelle complète et de solides garanties pour leurs biens et pour leurs personnes. La réforme put s'accomplir ainsi paisiblement et sans secousses, et ceux des ecclésiastiques qui restèrent attachés au catholicisme se retirèrent peu à peu dans les États voisins, emportant non seulement leurs biens, mais encore leurs titres, qu'ils conservèrent soigneusement.

L'édit de réformation n'avait porté que sur l'extérieur seulement de la religion. Désireux de doter l'Église de leurs États romands d'une organisation solide, les Bernois convoquèrent à Lausanne un synode général présidé par le banneret de Graffenried. Le pays romand fut divisé en sept départements ecclésiastiques, ou *classes ;* le clergé du bailliage de Gex forma l'une de ces classes, et les relations les plus suivies continuèrent à régner entre les pasteurs de Genève et ceux des classes voisines de Thonon et du pays de Gex. Au commencement de 1538, des députés de Berne parcoururent tout le nouveau territoire afin d'y faire exécuter les édits et de disposer de ceux des biens ecclésiastiques qui se trouveraient vacants; une large part fut faite aux communes dans cette répartition. Douze pasteurs, chargés chacun de desservir deux ou trois villages, furent établis dans le pays de Gex; cet arrangement, nécessité par la rareté des ministres, était d'ailleurs suffisant pour le chiffre de la population. Au bout de quelques années, le départ de Bâle, en réglant certains points de détail restés encore indécis, permit de compléter cette organisation. Ce fut ainsi qu'un ministre établi au village genevois de Moins desservit comme annexe celui de Collex qui appartenait aux Bernois.

Lorsque les délégués qui avaient été chargés de présider à l'exécution des édits eurent accompli leur mission, un second synode général, destiné à s'occuper de l'organisation du culte et à fixer divers points de discipline ecclésiastique fut convoqué à Lausanne; il adopta, sur la demande de Berne, l'usage des fonts baptismaux, celui du pain sans levain pour la communion, et celui de quatre grandes fêtes. Ces trois articles, quoique d'une importance très secondaire, suffirent pour introduire quelque différence entre le rituel de Genève et celui des classes avoisinantes, et pour produire dans la suite certains démêlés assez graves, mais plutôt politiques que religieux.

Après avoir insisté sur les principaux faits qui signalèrent l'établissement de la réforme religieuse dans le pays de Gex, nous glisserons rapidement sur les parties de son histoire qui ne nous présentent aucune crise saillante et décisive. Pendant toute la durée de la domination bernoise, l'existence des Églises de la contrée se confond sensiblement avec celle des Églises du pays de Vaud, et l'exposé des débats théologiques qui surgirent entre ces dernières et celle de Genève nous entraînerait à aborder des questions étrangères à notre sujet. Nous nous bornerons donc à rappeler en peu de mots les faits les plus importants de l'histoire ecclésiastique de la contrée à cette époque.

Au mois de décembre 1548, les Bernois publièrent un nouvel édit de réformation destiné spécialement à combattre et à faire disparaître certains abus que le temps n'avait pas encore déracinés, et qui tenaient à de vieilles coutumes ou à de vieux préjugés. C'étaient des pratiques superstitieuses, comme celle de faire baptiser par les sages-femmes les enfants qui naissaient faibles ou malades; c'étaient encore des croyances à la sorcellerie et à la magie, qui devaient résister longtemps à la civilisation et révéler leur persistance, par de déplorables procédures, dans tous les pays européens.

Quelques années plus tard, de nouveaux conflits s'élevèrent entre Berne et Genève au sujet des différences rituelles que la discipline de Calvin avait introduites entre leurs deux Églises ; les villages de St-Victor et du Chapitre en furent encore l'occasion. Les habitants de ces villages, qui s'étaient habitués au rituel bernois se trouvèrent en opposition avec leurs pasteurs sur des points de peu d'importance, mais qui prirent bientôt les proportions d'une affaire d'État. Le gouvernement de Berne intervint, et, pour prévenir les querelles, il prit le parti de pourvoir les cures de son territoire qui étaient desservies comme annexes par des pasteurs genevois ; l'Église de Collex fut alors détachée de nouveau de la paroisse de Moins et Genthod.

Vers 1555, les différends qui s'étaient élevés entre le clergé de Genève et celui des pays conquis par les Bernois s'accrurent de quelques questions nouvelles, qui jouèrent bientôt un grand rôle dans l'histoire religieuse du pays de Vaud ; il s'agissait d'une question de dogme, la prédestination, et d'une question disciplinaire, l'excommunication. Les seigneurs de Berne, pour maintenir la paix, voulurent imposer silence à ceux de leurs ministres qui avaient montré le plus de chaleur dans leurs discussions avec le clergé genevois, et engagèrent aussi ce dernier à s'abstenir de continuer la lutte; mais ces difficultés, une fois soulevées, ne s'apaisèrent pas aisément. Il fallut user d'autorité pour y mettre fin. Toutefois plusieurs ministres du pays de Vaud, partisans des idées de Calvin, obtinrent du gouvernement d'importantes concessions en faveur de la discipline ecclésiastique, et le Conseil de Berne décida qu'une organisation consistoriale régulière serait établie dans tous les pays conquis. On institua dans chaque paroisse un consistoire composé des pasteurs, d'un certain nombre de laïques et du juge ou du châtelain de la localité, et mission fut donnée à ces corps de veiller sur les mœurs, d'admonester toutes les personnes qui se rendraient coupables de quelque faute et d'inviter les pécheurs endurcis à s'abstenir de la sainte Cène. Un consistoire siégeant à Berne jugeait en dernier ressort les causes importantes qui lui étaient déférées.

Cependant, au cours des évènements que nous venons de raconter, des négociations de la plus haute importance pour le sort du pays de Gex avaient, à plusieurs reprises, été commencées entre les Bernois et le duc de Savoie et allaient bientôt recevoir une solution définitive.

Dès l'année 1546, le duc de Savoie, Charles III, qu'une suite de guerres malheureuses avait dépouillé de presque toutes ses possessions, avait essayé de recouvrer, par des transactions diplomatiques, une partie de ses domaines héréditaires ; mais l'ambassadeur qu'il avait envoyé à Berne pour cet objet n'y avait point trouvé un accueil favorable. Les Fribourgeois avaient également fermé l'oreille à ses réclamations. Toutefois le duc ne s'était pas tenu pour éconduit. Au bout de deux ans, il avait recouru secrètement aux autres États suisses, afin de les déterminer à s'entremettre dans cette affaire. Le zèle des cantons catholiques leur fit faire quelques démarches en sa faveur, mais sans plus de succès. Avec plus ou moins de sincérité, les Bernois opposèrent, aux réclamations de la Savoie, les intérêts de la cause réformée et ceux « d'une infinité de Français et d'Italiens fugitifs pour cause de religion », auxquels les pays annexés par eux servaient d'asile. Sans se laisser décourager par ce refus, le duc, l'année suivante, revint à la charge auprès de la Diète Helvétique et se servit même de ruses peu avouables pour triompher de la résistance qu'on lui opposait ; il ne réussit qu'à indisposer les cantons qu'il désirait gagner. Repoussé sur le terrain diplomatique, il voulut recourir aux armes, et prépara sourdement un coup de main par lequel il espérait s'emparer de Genève et des pays environnants ; mais le complot fut découvert, et le duc ne se sentit pas assez fort pour rompre ouvertement avec Berne et Genève, fortement appuyées par Henri II.

L'avènement d'Emmanuel-Philibert, fils et successeur du duc Charles fut le signal de la reprise des négociations. Le jeune prince essaya d'abord de se rendre les Bernois favorables par la flatterie et les protestations d'amitié; puis voyant ses avances infructueuses, il s'efforça d'obtenir de l'empereur les secours militaires dont il jugeait avoir besoin pour attaquer Berne et Genève. L'empereur les lui promit; mais trop occupé de sa guerre avec la France, il oublia ses engagements.

La brillante victoire de St. Quentin, remportée, en 1557, par Emmanuel-Philibert sur les Français pour le compte de l'Espagne, lui assura l'appui de Philippe II. Il se hâta d'en profiter pour reconquérir ses États. Un corps de 12,000 hommes, lancé par lui sur la Bourgogne, s'avança jusqu'à Bourg. L'alarme fut générale dans tout le pays romand. Genève, Fribourg, Soleure, prirent les armes et les Bernois se hâtèrent de mettre le château de Gex en état de défense; mais l'attaque que l'on craignait n'eut pas lieu et les préparatifs restèrent suspendus. La paix de Cateau-Cambrésis, en rendant au duc la Savoie et le Piémont, obligea les Bernois à se prémunir de nouveau contre un adversaire devenu plus redoutable, et des mesures furent prises par eux pour fortifier leurs places frontières. Pendant ce temps, les négociations se poursuivaient, sans plus de succès qu'auparavant.

En 1563, enfin, le duc qui, jusqu'alors, avait rejeté toutes les solutions proposées, reprit de lui-même les pourparlers par l'entremise du comte de Valangin. La Diète s'interposa. Les cantons médiateurs réclamèrent d'abord, en faveur du duc, la rétrocession de presque toutes les rives du Léman. Ces prétentions parurent exorbitantes aux Bernois et furent repoussées comme telles. Les avis, cependant, n'étaient point unanimes dans les Conseils de Berne ; les uns penchaient vers cette voie d'accommodement ; d'autres eussent voulu ne rien céder ; d'autres enfin insistaient pour que l'on se réservât les bailliages de Nyon et de Gex, par la perte desquels Berne s'interdisait le libre accès à Genève, et se privait d'une voie de communication avec la France qu'il importait de conserver. Ce dernier parti parut un moment l'emporter. Les Bernois consentirent à restituer simplement la rive méridionale du lac ; mais les médiateurs, attachés aux intérêts du duc, insistèrent pour qu'il recouvrât Vevey, la Tour, Villeneuve et Chillon ; ils offraient une compensation pécuniaire et la garantie que la forteresse de Chillon serait rasée. Le prix que l'on paraissait mettre à l'acquisition de ces quatre places inquiéta les Bernois et les fit incliner à céder encore, de préférence, le pays de Gex, moyennant des clauses restrictives pour l'exercice libre et *exclusif* de la religion réformée dans les territoires restitués. Cette concession faite, les négociations ne devaient plus éprouver d'obstacles ; elles furent seulement entravées quelque temps par une grave et dangereuse maladie d'Emmanuel-Philibert.

Lorsqu'elles purent être reprises, de nouvelles difficultés avaient surgi. Les Genevois s'inquiétaient avec raison de voir leur ancien et dangereux adversaire remis en possession d'un pays qui serrait d'aussi près leurs murailles ; par la cession du bailliage de Gex, ils se sentaient séparés des Bernois et comme abandonnés par eux, au moment même où le duc cherchait ouvertement à faire valoir ses prétentions sur leur cité. Aussi, dès la fin de l'année 1563, envoyèrent-ils en Suisse deux députés, Michel Roset et Chenalat, pour défendre leurs intérêts ; les Conseils de Soleure, de Schaffhouse et de Glaris leur promirent aide et protection.

Les protestations des Genevois trouvèrent de l'écho chez les populations soumises à l'autorité de Berne. Des plaintes s'élevèrent de toutes parts, en particulier dans le pays de Vaud, contre un projet que les masses envisageaient comme un acte de faiblesse et qui blessait leur religion. Un secret instinct avertissait le peuple bernois qu'abandonner ses coreligionnaires à la maison de Savoie, c'était les exposer à des persécutions inévitables ; aussi les murmures s'accroissant chaque jour et devenant alarmants pour les magistrats, ceux-ci prirent la prudente résolution de consulter tous leurs sujets, sûrs d'obtenir par cet acte populaire assez de confiance pour apaiser les mécontentements et faire réussir leurs desseins. Cependant le peuple ne se laissa pas facilement adoucir. Les syndics Roset et Franc, ambassadeurs de Genève à Berne en 1564, furent témoins, en plusieurs endroits, de l'effervescence des populations ; on les accusa même d'en être les fauteurs, ce dont ils se défendirent auprès du vieil avoyer Nægeli, qui, du reste, partageait la tristesse et l'inquiétude générales.

Malgré ces manifestations de l'opinion publique, on tint à Nyon, au mois d'avril de la même année, une première conférence destinée surtout à régler les garanties qui concernaient la religion des pays conquis. Ces garanties furent ténorisées, de la manière la plus explicite, dans un certain nombre d'articles préliminaires, qui furent signés par le duc, le 7 août 1564, et enregistrés, le 22, par le Sénat de Savoie.

« Nous avons convenu, » — est-il dit, en substance, dans ces préliminaires de Nyon, — « que tous sujets, manants et habitants des terres et pays qui nous seront rendus par les seigneurs de Berne, continueront la religion et Réformation dont ils font profession présentement, selon les édits qui en ont été publiés jusqu'à ce jour, sans qu'ils soient déboutés et empêchés dans l'exercice d'icelle. Ils ne pourront, pour cette cause, être repris, persécutés, ni vexés en aucune manière. Et afin que les dits sujets puissent continuer dans l'exercice de leur religion, nous avons accordé, à l'instance des seigneurs de Berne, que les ministres et diacres nécessaires à cet effet seront entretenus dans le pays, sans qu'il leur soit fait déplaisir ni outrage, avec telles et semblables pensions qu'ils ont eues précédemment et dont ils jouissent encore aujourd'hui. »

Une dernière *journée* fut assignée, à Lausanne, pour le 22 octobre, afin d'arrêter, d'après cette première donnée, les termes du traité. Les députés de Savoie, de Berne, de Genève et des cantons médiateurs, se rencontrèrent à cette conférence, qui, malgré la peste qui sévissait alors avec force, fut entourée d'un certain éclat, et, le 30 octobre, le traité de paix définitif reçut enfin l'adhésion des intéressés. Outre les garanties religieuses accordées aux sujets des trois bailliages cédés, il reconnaissait l'indépendance de Genève et stipulait que, pour éviter un voisinage incommode, aucune des parties contractantes ne pourrait aliéner les terres à elles attribuées par ce traité, ni bâtir l'une contre l'autre des forts à une lieue des frontières.

Avant la conclusion du traité, les Bernois le soumirent, dans chaque commune, à la ratification de leurs sujets. Cette dernière épreuve réussit, grâce aux influences individuelles de l'aristocratie bernoise, qui mit à cette affaire une activité dont les mobiles nous échappent plus ou moins aujourd'hui. Quelques communes cependant osèrent résister à cette influence et rejetèrent l'accord qui leur était proposé.

Quelques difficultés s'élevèrent encore au sujet des terres qui avaient été détachées en 1536 des bailliages de Gex et de Gaillard et cédées à la république de Genève. Il était évident que les Bernois ne pouvaient restituer au duc d'autres territoires que ceux dont ils étaient actuellement en possession. Néanmoins il y eut là matière à de nouvelles négociations, dans le détail desquelles nous ne saurions entrer sans nous éloigner de notre sujet.

La restitution des trois bailliages avait été fixée au 1er mars 1565; mais d'après les stipulations de Lausanne, elle ne pouvait s'exécuter avant que les rois de France et d'Espagne eussent préalablement ratifié le traité dans tous ses articles. Les agents de Savoie n'apportèrent cette ratification à Berne qu'au mois de mai 1567, après ce fameux passage du duc d'Albe, qui causa à Genève tant de troubles et d'alarmes. Toutes les conditions se trouvant alors remplies, la remise des territoires eut lieu le 28 août 1567, avec les formalités requises, en présence des députés de quatre des cantons médiateurs, et les provinces de Chablais et de Gex rentrèrent sous la puissance des ducs de Savoie.

CHAPITRE II

Les pasteurs et les Églises des bailliages rétrocédés par les Bernois n'avaient pu, sans doute, se défendre d'une certaine inquiétude en se voyant placés sous le pouvoir d'un prince réputé le plus ferme champion de la foi catholique. Désireux de s'assurer sa bienveillance, les conducteurs des Églises adressèrent d'abord au duc une requête respectueuse, dans laquelle ils lui demandaient de laisser toutes choses sur le même pied que pendant la domination bernoise et lui exprimaient le vœu d'obtenir la création d'un consistoire suprême, qui jugeât en dernier ressort les causes difficiles et qui remplaçât pour eux l'autorité de celui de Berne, auquel ils ne pouvaient plus recourir.

Les réponses du duc, données à Gex le 15 septembre 1567, furent à moitié satisfaisantes. Tout en conservant aux consistoires locaux leurs attributions, il restreignait leur autorité et leur défendait de s'assembler sans la permission du gouverneur de la province ou de ses délégués. Il repoussait aussi l'idée d'instituer un consistoire suprême et conférait au gouverneur civil les compétences que ce corps avait possédées sous le régime bernois. Ces réponses ne témoignaient ni d'une grande confiance, ni d'un scrupule extrême à respecter l'esprit du traité de paix. Ce n'était pas encore la persécution, mais celle-ci ne devait pas tarder à se produire.

A peine une année s'était-elle écoulée, que l'avocat-général de Chambéry, accompagné de quelques autres officiers ducaux, se rendit à Gex ; il y rassembla les ministres de la classe et les membres du consistoire et leur signifia, de la part du Sénat de Savoie, *défense de reprendre ou réfuter en leurs sermons la religion romaine, sous peine de la vie ;* il accompagna cette interdiction de grandes menaces et de paroles injurieuses, disant « que la réforme était une hérésie, et qu'elle serait bientôt extirpée. » Les Bernois écrivirent, le 2 octobre, aux ministres de la classe de Gex, pour les consoler et les assurer qu'ils travailleraient à faire observer leur traité avec le duc. Précédemment déjà, les officiers de Savoie avaient inquiété et maltraité les ministres de diverses manières ; ils avaient aussi enfreint les conventions de Lausanne en renversant tous les règlements en vigueur dans les trois bailliages touchant la judicature, et en cassant les arrêts des tribunaux. Les Bernois se plaignirent à plusieurs reprises de ces infractions, mais ils ne purent en obtenir le redressement.

Les quelques années qui suivirent n'amenèrent cependant pas de grands changements dans la situation religieuse des habitants du pays de Gex ; en revanche, il serait fastidieux d'énumérer les humiliations de toute espèce qu'ils eurent à subir. Bientôt les mesures fiscales se multiplièrent : de nouvelles entraves restreignirent, sous divers prétextes, la liberté du commerce ; enfin, la bonne intelligence entre Genève et la Savoie devenant de plus en plus équivoque, l'occupation militaire et toutes les vexations dont elle est accompagnée vinrent aggraver leur situation. En 1582, malgré les plaintes des Genevois et des Bernois, on mit des garnisons à Gex et au fort de l'Écluse ; d'autres places fortes furent mises en état de défense. Les soldats savoyards qui couvraient le pays y commettaient chaque jour les actes les plus effrontés de brigandage et de rapine, dévastaient ou incendiaient les temples, pillaient le vin et les récoltes, égorgeaient les bestiaux, en un mot, ruinaient la contrée. Il suffit de lire les Registres du Conseil de Genève de l'année 1582 pour se convaincre qu'il n'y a rien d'exagéré dans les faits que nous avançons.

Ce déplorable état de choses dura quelques années, après lesquelles les développements plus étendus de la politique européenne ayant amené une rupture entre la France et la Savoie, Genève, à l'instigation de la première de ces puissances, se décida enfin à répondre par une guerre ouverte aux hostilités du duc Charles-Emmanuel. Un mois ne s'était pas écoulé depuis le commencement de la campagne que les troupes de la République marchèrent contre Gex, menant avec elles cinq pièces d'artillerie; c'était le 7 avril 1589. La ville se rendit par capitulation; le château en fit autant peu d'heures après; et, le lendemain, le conseiller de la Maisonneuve conduisit à Genève la garnison prisonnière ainsi que le baron de Pierre, son commandant. Un petit corps de Genevois fut laissé pour garder la nouvelle conquête; mais elle ne devait pas rester longtemps entre les mains de ceux qui l'avaient faite. La puissante république des bords de l'Aar formait déjà le projet de rentrer en possession des territoires dont elle s'était dessaisie vingt-deux ans auparavant. Le 9 avril, deux jours après la prise de Gex, Harlay de Sancy, accrédité du roi de France auprès de la République de Genève, s'étant présenté devant les Conseils, leur représenta qu'il avait reçu des Bernois, à titre de prêt, la somme de 100,000 écus, sous la promesse de leur donner le Chablais et le pays de Gex, et demanda que les Genevois voulussent bien dégager sa parole en remettant à ses nouveaux alliés la place qu'ils venaient de conquérir. Il faisait en revanche les plus belles promesses; promesses peu sûres, mais dont les Genevois comprirent qu'il fallait bien se contenter. En vain une minorité plus généreuse que prudente protesta qu'on ne devait pas livrer une place conquise *aux dépens de la ville et avec son artillerie;* les Conseils écrivirent au commandant genevois de remettre Gex au corps d'armée de Berne. Après que Sancy eut pris possession du bailliage au nom du roi, il le céda, suivant sa promesse, aux troupes bernoises qui l'occupèrent sous les ordres du colonel d'Erlach. Il est utile de remarquer ici, que l'un des principaux articles de la capitulation de Gex, ratifiée par Sancy, réservait expressément pour tous les habitants du bailliage le libre exercice de leur religion, tel qu'ils l'avaient eu par le passé, ainsi que l'entretien de leurs ministres, diacres et maîtres d'école.

Des renforts français, valaisans et soleurois étant encore venus grossir les troupes alliées, on mit le siége devant le fort de l'Écluse, que l'on avait vainement tenté de surprendre quelque temps auparavant. Mais les difficultés locales ne purent être surmontées, et malgré les efforts réitérés de Guitry, qui la commandait, l'armée alliée fut forcée de se retirer. Occupé de nouveau par les Bernois, le pays de Gex vit tomber plus d'un antique manoir féodal; les châteaux de la Poype et de la Perrière furent abattus.

Maîtres du pays de Gex et d'une partie du bailliage de Thonon, les Bernois cherchèrent à s'en assurer la possession définitive; mais le départ de Sancy, que le roi venait de rappeler, suspendit les négociations. Bientôt les Savoyards, sentant les Genevois moins soutenus, s'approchèrent de nouveau, et, le 5 juin, après avoir refait le pont de Chancy qui venait d'être brûlé, ils pénétrèrent par là dans le pays de Gex. Le colonel d'Erlach, qui l'occupait, demanda des secours à Genève; on lui envoya quelques troupes et de l'artillerie; mais avant d'avoir reçu ce renfort, avec ses seules forces, il avait déjà repoussé les assaillants, et les avait mis en déroute près de Collonges. Le 27 du même mois, pour subvenir aux besoins de la garnison de Gex et à ceux des ministres du bailliage, que la guerre avait ruinés, le juge mage du pays prononça la confiscation des biens de tous ceux qui porteraient les armes contre les troupes combinées de France, de Genève et de Berne.

Fort peu de temps après, l'armée bernoise commandée par l'avoyer de Watteville arriva ; mais les dispositions flottantes des seigneurs de Berne et leur crainte excessive de se compromettre dans le cas où la guerre viendrait à prendre une tournure plus favorable au duc de Savoie empêchèrent ce nouveau renfort de rendre aucun service à la cause des alliés. A peine était-il arrivé que les Bernois conclurent avec les Savoyards une trève, à la suite de laquelle ils rappelaient déjà leurs troupes, lorsque les Genevois, qui n'étaient pas compris dans l'armistice, réclamèrent vivement contre cet abandon de la cause commune. La retraite eut lieu cependant, à la réserve de dix compagnies que les Bernois laissèrent pour la garde de Gex et de Thonon.

Une aussi faible garnison ne pouvait suffire longtemps à protéger les pays abandonnés ; aussi, dès le mois de septembre, furent-ils envahis de nouveau par les troupes savoyardes, qui mirent tout à feu et à sang sur leur passage, et qui signalèrent particulièrement leur entrée dans le pays de Gex par d'horribles cruautés. Il faut avoir lu les mémoires du temps pour se représenter les ravages qu'elles y exercèrent et les atrocités dont elles s'y rendirent coupables ; les détails qui nous ont été conservés sur les traitements que subirent alors les malheureux habitants ne font que trop ressortir la licence effrénée du soldat au seizième siècle; mais la haine religieuse et le fanatisme furent sans doute pour beaucoup dans ces actes féroces commis par des troupes catholiques sur des populations protestantes. Les Savoyards jetèrent en tous lieux l'épouvante et la désolation sur leur route, incendiant les fermes et les villages, outrageant les femmes, et commettant partout des massacres accompagnés des plus horribles circonstances. Sans entrer dans le détail de ces affreuses scènes, nous nous bornerons à en rapporter un seul trait, dans lequel se fait voir toute la fureur fanatique de ces soldats: c'est le meurtre du pasteur de Crozet. Nous laissons parler un auteur contemporain: « Le 13 de septembre en l'année « 1589, le duc de Savoie étant entré au bailliage « de Gex le jour précédent, ses troupes passant à « Crozet prirent spectable Girard Barbier ministre « de la parole de Dieu au dit Crozet, âgé environ « de 75 ans, lui fendirent les pieds par dessous, « et le mirent à cheval sur un âne, le visage « contre la queue, et avec tout opprobre le me- « nèrent au château de Gex, le frappant toujours, et « le présentèrent audit duc, en présence duquel il « soutint qu'il n'avait prêché que la pure vérité, en « laquelle il voulait persévérer jusqu'à la fin; d'où

« étant ramené et jeté sur un peu de paille devant la « porte de sa maison, il y mourut, tout son bien « ayant été pillé. »

Un sort semblable aurait été probablement réservé à tous les collègues du pasteur de Crozet, s'ils fussent tombés entre les mains des soldats ducaux. Aussi les ministres du bailliage de Gex, comme ceux des mandements de Thonon et de Ternier, se virent-ils contraints par l'imminence du danger, de chercher, pour la plupart, un asile dans les murs de Genève. Ils y trouvèrent un grand nombre de leurs collègues des Églises de France, qui, forcés également, par la persécution, de quitter leur patrie, avaient rencontré, sur le sol de la république, une chrétienne hospitalité. Pendant plusieurs mois, la violence de la guerre retint les ministres des bailliages loin de leurs paroisses. Le culte fut interrompu dans les campagnes; les troupeaux étaient dispersés et leurs pasteurs se voyaient avec douleur dans l'impossibilité de leur porter des consolations religieuses. La situation de ces derniers était également déplorable; privés de leurs gages dès le commencement de l'année, ils auraient été destitués de toute ressource humaine, si, dans ces pénibles circonstances, la charité des fidèles et des pasteurs de Genève, s'unissant à celle des villes évangéliques de la Suisse, ne se fût émue en leur faveur, et ne fût parvenue à leur procurer, avec une chrétienne sympathie, l'assistance matérielle dont ils avaient un si pressant besoin.

En apprenant l'invasion de l'armée savoyarde, les Genevois avaient envoyé un secours à Diesbach, commandant bernois, qui occupait le pays de Gex. Dans un engagement malheureux, près de Farges, leurs troupes réunies furent mises en fuite; les Bernois, irrités de ce revers, résolurent d'évacuer le bailliage, et ne parlaient de rien moins que de rompre avec Genève. Cette rupture fut sur le point d'éclater; cependant les soins du conseiller de Normandie, envoyé à Berne à cet effet, réussirent à la prévenir. Les Genevois conservaient encore les châteaux de Versoix et du Vangeron, mais craignant de ne pouvoir s'y maintenir, ils les livrèrent aux flammes le 13 septembre 1589. Le pays de Gex semblait complètement perdu. Les seigneurs de Bonstetten et d'Erlach déclarèrent aux Genevois, au nom de leur république, qu'elle ne pouvait continuer la guerre; une *journée* fut indiquée à Nyon pour le 26 septembre, afin d'y entamer des négociations de paix, et les députés de Genève, en s'y rendant, furent témoins de la désolation du pays de Gex ravagé par les troupes victorieuses.

Cependant le duc ne négligea rien pour s'assurer sa nouvelle conquête; il employa beaucoup de monde et d'argent à construire au-dessus de Versoix un fort, qui reçut le nom de fort St-Maurice ; il y mit une garnison de 600 hommes, et de fortes pièces d'artillerie destinées à fermer le passage du lac. Mais à peine la construction était-elle achevée, que les Genevois, qui n'étaient pas compris dans le traité, — non encore ratifié, — conclu à Nyon entre Berne et le duc, résolurent de s'en emparer à tout prix. Le 8 novembre, sous les ordres de Lurbigny, ils prirent de vive force le bourg de Versoix et cernèrent de près le château, qui se rendit au bout de deux jours ; la garnison savoyarde sortit vie sauve et se replia sur Gex ; le fort fut aussitôt détruit de fond en comble, ainsi qu'une partie du bourg. Les Genevois profitèrent de ce succès pour s'emparer des châteaux de Divonne et de Grilly. Celui de la Bâtie leur coûta plus d'efforts, mais il succomba le 9 janvier 1590 et fut immédiatement rasé par eux. Quelques jours après, ils reprirent la ville de Gex, dont le château, battu par leur artillerie, se rendit à composition ; les Savoyards tentèrent bien de le secourir, mais ces efforts furent infructueux, et le pays de Gex se trouva de nouveau entre les mains des Genevois. Les syndics Andrion et Chabrey se rendirent à Gex, le 23 janvier, pour en prendre possession ; ils étaient accompagnés des seigneurs Dauphin de Chapeaurouge, Canal et Lurbigny, qui avaient dirigé l'expédition.

A leur entrée dans la ville, les deux syndics de Gex étant venus à leur rencontre, leur exprimèrent la satisfaction du peuple du bailliage de passer sous leur obéissance; ils leur témoignèrent leurs regrets de ne pouvoir leur offrir aucun présent, vu l'état de dénûment où la guerre avait réduit les populations; enfin ils les prièrent de vouloir bien faire continuer, tant à Gex même que dans le reste du pays, le service divin, que la guerre avait forcément interrompu.

Ces demandes reçurent un accueil favorable; les ministres réfugiés à Genève s'empressèrent de rentrer dans le bailliage, et les Conseils de la république s'occupèrent de l'organisation du pays. Noble Jean Rilliet fut nommé gouverneur de Gex et installé dans sa charge par le syndic Andrion et les conseillers Dauphin et Maillet. Le château de Divonne fut occupé par une garnison, celui de Grilly rasé; malgré l'opposition de l'ambassadeur français, la démolition de celui de Gex fut également résolue, selon le vœu des habitants eux-mêmes. Cette démolition, commencée le 6 février, dura plus de huit jours, car l'édifice était considérable; la ville fut démantelée, et le temple d'en haut (ancienne église des Carmes) fut détruit simultanément, de peur que l'ennemi, venant à s'en emparer, ne s'y fortifiât. Cependant les troupes françaises et genevoises, quoique moins hostiles aux habitants que celles du duc, ne laissaient pas que de commettre dans la contrée quelques-unes de ces déprédations trop fréquentes, en pays conquis, dans les guerres de cette époque ; aussi voyons-nous les pasteurs du bailliage, ainsi que leurs collègues de Genève, s'interposer, auprès des Conseils de la république, pour qu'il fût mis un terme à ces désordres.

La prise du pays de Gex fut suivie de nouvelles négociations qui ne purent aboutir à aucun résultat. Pendant ce temps, les Genevois poursuivaient leur système de destruction à l'égard des châteaux qui les avoisinaient ; dans le courant du mois de mars, ils décrétèrent la ruine de ceux de Divonne, de Pouilly, de Vesancy, de Vernier, de Thoiry, de Tournay et du Grand-Saconnex. Toutes ces démolitions furent exécutées, hormis celle du château de Tournay, possédé par la famille de Brosses, alors zélée pour la cause protestante ; le sieur de Brosses obtint des Conseils de Genève, par l'entremise du Consistoire, la conservation de son château, en promettant d'en abattre les murailles et les ponts-levis, et de le mettre hors d'état de défense, promesse qu'il exécuta fidèlement.

Il restait cependant aux Genevois un obstacle qui leur ôtait la paisible possession du pays de Gex : le fort de l'Écluse était demeuré entre les mains des Savoyards. Un jour que Lurbigny avait dirigé une expédition contre le château de la Pierre, près de Collonges, il rencontra un parti de soldats du fort qui venaient de piller le village de Farges et d'enlever la cloche du temple ; il les battit, leur arracha leur butin, et, profitant de la consternation que cette déroute avait jetée dans le fort, il le cerna et fit aussitôt commencer l'attaque. Après trois jours de la plus vigoureuse résistance, les Savoyards se rendirent honorablement, et Lurbigny les remplaça par une nouvelle garnison.

Le pays de Gex paraissait entièrement et pour toujours conquis, lorsque les troupes savoyardes reparurent sous les murs du fort ; elles furent repoussées, mais bientôt, après avoir traversé la montagne au col de Crozet, elles s'emparèrent de ce passage mal défendu et se répandirent de nouveau dans la contrée. Le fort de l'Écluse devenant dès lors inutile aux Genevois, ceux-ci l'abandonnèrent après en avoir fait sauter une partie.

Le pays se trouva exposé, pour la seconde fois, à la brutalité des vainqueurs ; ses infortunés habitants virent se renouveler les scènes de dévastation et de sang qui l'avaient désolé l'année précédente, et plusieurs d'entre les villages que la première invasion des Savoyards avait épargnés furent livrés aux flammes. Le récit des horreurs qui furent alors commises paraîtrait aujourd'hui intolérable. On en est réduit à les aller chercher dans les mémoires du temps, qui relatent le domicile, l'âge, le sexe, les noms et prénoms, la qualité et la profession des victimes. Une multitude de familles, privées de tout moyen de subsistance, abandonnèrent les ruines fumantes de leurs habitations pour venir chercher à Genève le seul refuge qui leur permît d'échapper à la férocité des soldats ducaux. La charité publique s'exerça largement à l'arrivée de ces frères souffrants. La voix des pasteurs retentit dans les temples en faveur des réfugiés, et de nombreuses collectes à domicile permirent d'apporter quelque soulagement à leurs misères.

Lorsque les troupes ennemies eurent enfin, — à la suite de nouveaux combats, — entièrement évacué le bailliage, les habitants s'efforcèrent de réparer leurs désastres, mais les secours qu'ils avaient reçus étaient encore bien insuffisants en comparaison de tous leurs besoins, et pendant longtemps ils restèrent plongés dans un profond dénûment. La détresse des ministres qui donnaient leurs soins à ces Églises malheureuses n'était pas moindre; le 4 juin 1591, nous les voyons exposer aux Conseils leur douloureuse situation et solliciter instamment le paiement de leurs rétributions arriérées; en réponse à cette demande, il fut ordonné aux juges du pays de Gex de faire payer les ministres sur le revenu des biens ecclésiastiques.

Le désordre le plus complet régnait alors dans l'administration, où les usages savoyards, bernois et genevois formaient un conflit souvent fort difficile à résoudre, dans le domaine religieux comme dans celui des intérêts civils. Les Genevois s'appliquèrent à mettre un peu d'ordre dans ce chaos et se montrèrent disposés à soulager, par des concessions opportunes, les difficultés contre lesquelles se débattaient les populations.

Constamment exposés à de nouvelles incursions des Savoyards, les habitants du pays de Gex voyaient leur situation compliquée par l'insuffisante protection qu'ils pouvaient espérer de leurs nouveaux maîtres et par l'appréhension de rien faire qui pût violer la fidélité qu'ils leur avaient promise; le 12 mai 1592, ils demandèrent et obtinrent l'autorisation de traiter avec les Savoyards et de leur payer *quelques contributions, à condition que les gens de guerre du duc n'entreront point dans le pays*. En 1593, cependant, l'organisation du pays de Gex parut prendre plus de stabilité. Le Conseiller Jean Canal, qui devait mourir glorieusement pour sa ville en 1602, fut nommé juge du bailliage ; il eut pour assesseurs Pierre Dansse et Jean Sarasin; Jacques Lect fut établi juge des appellations, et

Pierre Rigot, châtelain de Sessy et de Meyrin. Mais, au mois de mars de la même année, une reprise des hostilités contraignit les habitants du pays à conclure avec les ennemis un accord semblable à celui de l'année précédente ; les Conseils de Genève donnèrent leur consentement à ce traité, que suivirent bientôt des propositions de paix. Une trêve fut conclue entre les parties belligérantes ; mais cette trêve même donna lieu, pour le pays de Gex, à de nouveaux conflits. Les Savoyards s'opposaient à ce que les Genevois y administrassent la justice ; les Genevois en faisaient autant de leur côté, et tandis que l'ex-juge mage de Ternier citait les plaideurs à comparaître devant lui à Viry, les seigneurs de Genève défendaient sévèrement d'obéir à ces ordres.

La trêve se prolongeait, mais la misère des habitants de ce pays si souvent dévasté n'en était pas moins affreuse, et, le 4 septembre, les ministres du bailliage de Gex, réduits à la dernière extrémité, se présentèrent devant les Conseils de Genève pour leur demander du pain.... On s'empressa de les secourir en vivres, autant que les ressources de l'État le permettaient, en attendant mieux. Les bêtes fauves s'étaient extraordinairement multipliées dans ce pays dépeuplé, et commettaient de continuels ravages. Il est probable cependant que, depuis la cessation des hostilités, et sous l'administration bienveillante des Genevois, la situation de la contrée dut, peu à peu, s'améliorer. Les habitants des campagnes songèrent à relever leurs chaumières renversées. Le 5 février 1595, le Conseil s'occupa de régler les appointements des ministres de la classe de Gex, tant en argent qu'en blé, avoine, vignes, prés et maisons. Les cures dont le registre fait mention, et dont les revenus furent fixés à cette époque, sont celles de Gex, de Thoiry, de Crozet, de Versoix, de Chalex, de Sessy, de Divonne et du Grand-Saconnex, dans le bailliage de Gex. Il y faut ajouter celles de Ville-la-Grand et de Choulex, du bailliage de Gaillard, demeurées alors entre les mains des Genevois, qui les avaient annexées à la classe de Gex. Le 29 août 1598, la pension des ministres de cette classe fut encore augmentée ; onze pasteurs participèrent à cette augmentation de traitement ; leurs paroisses sont les mêmes que nous venons d'énumérer, auxquelles il faut joindre celle de la baronie de la Pierre. Il est utile de noter que la plupart de ces pasteurs avaient, chacun, à desservir les temples de plusieurs villages, dans un rayon parfois assez étendu.

Mais pendant que le sort des habitants du pays de Gex s'améliorait ainsi, des changements politiques d'une haute importance pour cette contrée se préparaient dans les cours de France et de Savoie.

Le bruit d'un rapprochement entre ces deux cours commençait à se répandre; on savait qu'un échange de la Bresse et du pays de Gex contre le marquisat de Saluces venait d'être proposé ; aussi Genève, se voyant sur le point, après avoir soutenu, pour la France, une guerre longue et sanglante, d'être privée du petit territoire qu'elle avait si chèrement acquis, se décida-t-elle à entamer, auprès de Henri IV, des négociations pour être maintenue en possession du bailliage de Gex. Le duc de Lesdiguières, qui avait toujours montré pour cette république une sincère affection, encouragea les Conseils à entrer et à persévérer dans cette voie.

Peu auparavant, la Seigneurie, trop persuadée peut-être des bonnes dispositions de Henri IV à son égard, avait député auprès de ce prince François de Chapeaurouge chargé de faire vérifier l'obligation de 339,214 écus d'or, montant des frais de la guerre, et pour le paiement de laquelle le roi avait promis à Genève la possession des bailliages de Gex et de Gaillard, promesse sur l'accomplissement de laquelle le député de la république devait surtout insister. La mission de François de Chapeaurouge parut d'abord devoir être couronnée de succès. A la suite de ses instances, une lettre du monarque vint assurer les Genevois que son affection pour eux n'avait pas changé. Mais les espérances qu'avait fait naître cette réponse ne se réalisèrent pas ; les intrigues du nonce et du clergé romain contre Genève, jointes aux vues ambitieuses du monarque, l'emportèrent, et sur les services rendus par la république, et sur l'influence même de Sully qui la protégeait.

Les négociations duraient encore en 1600, lorsqu'une nouvelle rupture survint entre la France et la Savoie ; les hostilités recommencèrent, et tandis que les ambassadeurs de la république redoublaient d'activité pour obtenir l'objet de leurs demandes, les Conseils autorisaient, dans le pays de Gex, des levées d'hommes et d'argent pour seconder les armes, bientôt victorieuses, de Henri IV. Cette dernière guerre, conduite par le prince en personne, se termina par la paix de Lyon, conclue le 27 janvier 1601. Dans ce traité, les intérêts de Genève et ceux du pays de Gex furent sacrifiés par le monarque français à son ambition, aux ressentiments de Rome contre la cité de Calvin, et à la crainte que le duc éprouvait de voir Genève s'agrandir. Charles-Emmanuel garda le marquisat de Saluces et reçut le mandement de Gaillard, moyennant cession à la France de la Bresse, du Bugey, du Valromey et du bailliage de Gex. Par une clause du traité, Henri IV s'interdit même toute cession de ces territoires, pour rassurer ceux qu'aurait pu inquiéter l'accroissement du pouvoir de la république genevoise. Cette dernière clause permit bientôt au rusé Béarnais cette évasive et tortueuse réponse aux représentations des Genevois qui lui rappelaient sa promesse : « Je sais bien que je l'ai promis (le pays de Gex), mais enfin j'ai été pressé de faire ce que j'ai fait ; je reconnaîtrai leurs services en quelque autre occasion. »

Il est bon toutefois de remarquer que le traité de Lyon portait encore cette clause préservatrice des droits des Églises protestantes du pays de Gex « que les habitants et sujets des lieux mentionnés en icelui (traité) jouiraient pleinement et paisiblement de tous leurs droits, privilèges et immunités. » Ainsi les habitants du bailliage purent espérer sans doute un heureux avenir en passant sous la domination de la France ; mais ils furent trop tôt et bien amèrement détrompés.

SECONDE PÉRIODE

Depuis l'établissement de l'édit de Nantes dans le pays de Gex jusqu'à sa révocation.

1601—1685

> Ils ont dit en leur cœur: Saccageons-les tous ensemble! Et ils ont détruit tous les lieux du pays où l'on s'assemblait pour adorer Dieu.
> (Ps. LXXIV, 8.)

CHAPITRE Ier

Le traité de Lyon marque pour l'histoire religieuse du pays de Gex le commencement d'une époque nouvelle, celle des persécutions. Jusqu'alors nous l'avons vu, depuis l'établissement de la réforme, les croyances évangéliques, d'abord protégées par les Bernois, puis garanties par des traités solennels, avaient régné seules dans la contrée. Quoique la violence de la guerre eût interrompu parfois l'exercice du culte, quoique les paisibles habitants du bailliage eussent eu à déplorer les déprédations et les cruautés d'une soldatesque ennemie excitée par le fanatisme religieux, l'ordre et la sécurité avaient reparu sous l'administration genevoise, et le retour des habitants fugitifs, la réorganisation des paroisses et du culte, avaient rendu à la province de Gex son caractère exclusivement protestant.

Mais par la réunion du pays à la France, un changement complet s'opère dans sa situation religieuse. L'édit de Nantes y est mis en vigueur, et avec lui la foi romaine y pénètre. Une population catholique, étrangère, guidée par des prêtres habiles et intrigants, commence à s'y établir; peu à peu, ceux qui la dirigent obtiennent, de l'autorité royale, que cette minorité partage tous les droits et les priviléges des anciens habitants; bientôt, enhardis par leurs succès, ils ne dissimuleront plus leur dessein de convertir ou d'anéantir la population réformée; ils travailleront à étreindre le protestantisme dans un inextricable réseau de lois et de décrets oppressifs, et, après une lutte longue et désespérée, parviendront enfin à l'étouffer. C'est ce combat de près d'un siècle, combat fatal à la réforme, mais qui cependant est loin de manquer pour nous de leçons et d'enseignements utiles, dont nous avons maintenant à retracer les détails et à suivre les phases diverses.

La consternation fut grande à Genève lorsqu'on y apprit le résultat du traité de Lyon, puisque sa conséquence immédiate était d'enlever à la république un territoire qu'elle possédait depuis plus de dix ans, et de la frustrer dans l'espoir bien légitime de s'en voir assurer définitivement la souveraineté. Néanmoins, sans perdre courage, et suivant toujours les conseils de Lesdiguières, les Genevois recommencèrent à solliciter Henri IV d'accomplir les promesses qu'il leur avait faites tant de fois ; Jacob Anjorrant fut député à la cour et joignit ses instances à celles de François de Chapeaurouge, dont la présence à Lyon lors de la conclusion du traité n'avait pu réussir à faire respecter les droits de son gouvernement. Henri lui-même était confus de son manque de fidélité aux engagements qu'il avait contractés envers Genève ; aussi ne cessait-il pas de fuir les députés de la république, ne voulant pas les éconduire d'une manière trop brusque, et ne croyant pas, d'autre part, qu'il fût de sa dignité de leur répéter des promesses qu'il n'avait pas l'intention de tenir. Plusieurs mois s'écoulèrent avant que cette lutte entre la reconnaissance des services rendus et l'ambition d'agrandir ses états eût permis au monarque de s'arrêter à un parti définitif.

Ce fut seulement en juillet 1601, que les Genevois durent renoncer à tout espoir de succès en recevant des lettres de Henri IV, qui leur faisait connaître sa décision irrévocable de réunir le pays de Gex à la France. Le langage affectueux du prince cherchait à déguiser ce que cette résolution devait avoir d'amer pour eux. Genève comprit qu'elle devait se contenter de ces pompeuses démonstrations d'amitié et accepter en silence la loi de son puissant voisin. Dépouillée du territoire qu'elle avait conquis au prix de tant de luttes, privée de toute garantie relativement aux sommes qu'elle avait dépensées pendant la guerre et qui ne lui furent jamais rendues, elle paya cher l'honneur d'avoir combattu en qualité d'alliée du roi très-chrétien.

La réintroduction du culte romain dans le pays de Gex fut le premier acte par lequel son nouveau maître signala son pouvoir. Visant à donner à son royaume l'unité politique et administrative, il ne fut pas plus tôt en possession du bailliage, qu'il manifesta son intention de le placer sous le régime de l'édit de Nantes, en vigueur dans les autres provinces depuis l'année 1598. En donnant ainsi à cet édit, pour ce qui concernait le pays de Gex, un effet rétroactif, il enlevait aux habitants, alors tous réformés, le bénéfice des lois sous lesquelles ils avaient vécu jusqu'alors, pour les remplacer par des dispositions beaucoup moins favorables, au point de vue du maintien de leurs institutions religieuses. Ces derniers envoyèrent donc au roi une députation pour lui demander que leurs Églises fussent conservées dans l'état où elles se trouvaient lors de la réunion du pays de Gex à la couronne. En réponse à cette requête, Henri prit l'engagement de laisser aux protestants le *libre exercice de leur religion ;* mais il exigea que la *liberté de conscience* fût proclamée dans le bailliage, conformément aux prescriptions de l'édit, d'après lesquelles l'exercice du culte romain devait être rétabli dans toutes les provinces du royaume. Aussi le baron de Lux, lieutenant général, commandant de la Bourgogne, après avoir pris possession du bailliage au nom du roi, y proclama par ses ordres la liberté de conscience.

Bientôt après, la messe fut rétablie dans quelques localités, aux instances d'un prélat dont les travaux ont exercé une grande influence sur les destinées religieuses de toute la contrée, et qui, en particulier, dirigea de nombreuses attaques contre les Églises réformées de Gex ; nous voulons parler du célèbre François de Sales. Ce n'est point ici le lieu d'entreprendre une appréciation complète du caractère de cet homme remarquable, que l'Église romaine a mis au nombre de ses saints. Nous dirons seulement que, tout en faisant nos réserves sur les moyens qu'il se crut autorisé à mettre en usage dans sa lutte avec les Églises réformées, nous ne prétendons nier ni la sincérité de ses convictions, ni son zèle infatigable pour la cause à laquelle il s'était voué. Issu d'une famille noble de Savoie, François de Sales avait été porté de bonne heure par son imagination vive et ardente à embrasser l'état ecclésiastique. La conversion du Chablais et du bailliage de Ternier signala ses premiers pas dans cette carrière. Ses succès, il est vrai, furent dus bien moins à son éloquence qu'à l'appui très efficace des régiments de Charles Emmanuel; malgré l'esprit de charité, de douceur et de persuasion que lui reconnaissent ses biographes, il ne dédaignait pas non plus l'emploi de la contrainte, lorsqu'il la jugeait nécessaire pour venir à bout des populations dont il heurtait les sentiments religieux. Nous sommes donc autorisés à croire que la conversion du pays de Gex, que François de Sales voulait faire succéder à celle du Chablais, aurait été exécutée de la même manière que celle de cette dernière province, si la guerre entre la France et la Savoie, au sujet du marquisat de Saluces, n'y eût mis obstacle.

Aussitôt après la paix de Lyon, François de Sales, en qualité de coadjuteur de l'évêque d'Annecy, dont il était en outre le successeur désigné, profita du nouvel ordre de choses pour obtenir du baron de Lux le rétablissement de la messe dans la ville de Gex et dans les deux villages d'Asserens et de Farges. Mais il ne s'en tint pas là. Grâce à ses conseils, et par une illégalité que rien ne pouvait justifier, le même fonctionnaire fit enlever aux réformés de Gex l'église de St-Pierre, qui leur servait de temple, pour la donner à un petit nombre de catholiques, vraisemblablement établis dans cette ville depuis l'époque de la domination ducale. Les habitants de Farges furent victimes d'une spoliation semblable. Le nombre des personnes de la communion romaine en faveur desquelles fut commise cette double injustice ne pouvait nullement servir à l'excuser ; ces personnes ne constituaient, comparativement à la population protestante, qu'une fraction presque nulle, puisque, soixante ans plus tard, malgré leur accroissement dans le pays et l'esprit ardent de prosélytisme des évêques et du clergé, les catholiques romains formaient à peine un vingtième de la somme totale des habitants. Des paroisses entières se virent donc dépouiller de leurs temples pour que cinq ou six personnes de la communion opposée pussent accomplir sans peine leurs devoirs religieux ; tandis que rien n'eût été plus facile que d'accorder des chapelles à ce petit nombre de catholiques et de laisser les deux cultes subsister l'un à côté de l'autre en bonne harmonie.

Ce fut en vain que les Bernois, qui veillaient toujours sur leur ancienne province, protestèrent auprès du roi contre cette infraction aux traités. Le monarque ne leur fit qu'une réponse évasive, donnant à entendre qu'il avait dû céder *aux nombreuses instances* qui lui avaient été adressées.

Cependant l'esprit entreprenant de François de Sales n'était que médiocrement satisfait du premier succès qu'il venait d'obtenir ; aussi se décida-t-il bientôt à faire le voyage de Paris pour demander au roi l'autorisation d'entreprendre une mission générale dans le pays de Gex. L'évêque titulaire donna son approbation à cette démarche, qui revêtit ainsi un caractère officiel.

En traversant la France, le prélat s'arrêta à Dijon, où il eut une entrevue avec le baron de Lux, qu'il connaissait comme entièrement dévoué à la cause catholique. Le baron chargea François de lettres de recommandation pour les personnes qui avaient le plus grand crédit à la cour, et écrivit même au roi en sa faveur. — Arrivé à Paris, le futur évêque fut présenté à Henri IV par le nonce du pape ; le monarque l'accueillit avec affabilité, mais quand François lui eut exposé le motif de sa venue, il le renvoya à son secrétaire d'État Villeroy, qui fut chargé d'examiner cette affaire. Ce ministre chercha à détourner le coadjuteur du projet qu'il avait conçu, en lui représentant que son exécution rallumerait les vieilles animosités religieuses à peine assoupies, et l'engagea à en renvoyer l'accomplissement à une époque plus propice. Mais François sut combattre avec habileté toutes les objections de Villeroy ; il l'assura qu'il ne prétendait point user de contrainte à l'égard des habitants du pays de Gex, mais simplement achever de les soumettre aux édits qui régissaient le reste de la France. Il exposa ensuite sa demande relative à l'envoi de missionnaires dans la nouvelle province, en y joignant celle d'être remis en possession de tous les temples du bailliage ainsi que des biens et bénéfices ecclésiastiques, dont les revenus avaient été partiellement appliqués, par les protestants, à l'entretien de leurs pasteurs, diacres et maîtres d'école.

Ces réclamations avaient effectivement pour elles la lettre de l'édit de Nantes, mais elles n'en étaient pas moins contraires à toute justice ; c'est ce qu'un examen impartial de la question pouvait aisément démontrer. En effet, d'une part, le pays de Gex ayant été réuni à la France postérieurement à la promulgation de l'édit, ce dernier n'y était pas nécessairement exécutoire comme dans les autres provinces ; et, de l'autre, la conservation de tous les droits, privilèges et immunités dont les habitants du bailliage avaient joui sous les gouvernements précédents leur ayant été expressément réservée par le traité de Lyon, le désir du roi de faire observer l'édit de Nantes dans le pays de Gex ne pouvait abroger les dispositions de ce traité. Forts de leur droit, les réformés réclamèrent contre les étranges prétentions de François de Sales ; ils furent appuyés par les Bernois, qui se trouvaient aussi en cause dans ce débat, comme ayant été les premiers auteurs du changement de destination des biens d'Église. Leurs raisons furent reconnues valables, et le roi en sentit la force ; aussi promit-il aux Bernois que les possessions ecclésiastiques aliénées par eux ne seraient point enlevées à leurs propriétaires, sans que la valeur en fût restituée à ceux-ci. Il décréta de plus, par une ordonnance datée du 28 mars 1602, « que les ministres, diacres, maîtres d'école et au« tres, prendraient, comme ils avaient fait par le « passé, leurs pensions et entretènements sur les « fruits et revenus des bénéfices dudit pays, jusques « à ce que Sa Majesté eût pourvu d'autre fond pour « le payement desdites pensions et entretènements, « et laisser, après, libres aux ecclésiastiques les « biens qui leur appartenaient. »

Henri IV, toutefois, persistant dans son dessein de faire exécuter peu à peu l'édit de Nantes dans le pays de Gex comme dans le reste de ses États, crut devoir maintenir le prélat en possession des églises qui lui avaient été précédemment attribuées ; il ordonna, de plus, que les cimetières, « attendu leur « grandeur et capacité, seraient divisés et séparés, à « communs frais, entre les catholiques et ceux de la « religion prétendue réformée. » Ainsi, la première de ces mesures sanctionnait la spoliation des temples usurpés par les catholiques l'année précédente, et la seconde plaçait sur un pied d'égalité complète deux fractions de la population entre lesquelles existait une immense disproportion numérique.

La situation du roi, qui se trouvait placé entre les deux partis, était alors assez difficile. Recevant tantôt les sollicitations de l'un, tantôt les réclamations de l'autre, Henri IV cherchait autant que possible à conserver entre eux la balance égale ; et si, d'une part, il désirait consolider son pouvoir en faisant des concessions aux catholiques, de l'autre, il n'avait pas l'intention d'opprimer ses anciens coreligionnaires. Un fait de détail qui nous a été conservé pourra faire juger des ménagements minutieux qu'employait parfois le prince pour éviter de froisser les uns ou les autres.

En 1604, les habitants de Gex, désirant se construire un temple pour remplacer l'église qui leur avait été enlevée en 1601, demandèrent au roi la remise de cinq années de tailles, afin de pouvoir subvenir aux frais de la construction projetée ; ce temple, auquel ils se proposaient de joindre une horloge, devait être élevé sur la place de l'ancienne église des Carmes, démolie douze ans auparavant. Le roi rejeta ce projet comme contraire à l'édit de Nantes, qui défendait l'érection d'un temple protestant sur l'emplacement d'un ancien sanctuaire catholique ; il n'accorda pas non plus l'exemption demandée. Cependant, loin de mettre obstacle à la construction du temple, il fit estimer avec soin sur les lieux les frais qu'elle nécessiterait, afin d'y pourvoir.

Nous avons laissé François de Sales à Paris, occupé d'y poursuivre ses négociations relativement au pays de Gex. Après avoir échoué dans ses efforts pour se faire adjuger les temples et les biens d'église, il parvint à obtenir du roi l'autorisation d'entreprendre une mission dans le bailliage, et les lettres patentes en furent envoyées au parlement de Dijon pour y être enregistrées. Mais au moment où il se préparait à faire usage de la permission qu'il venait de recevoir, la nouvelle de la mort de l'évêque titulaire, Claude de Granier, auquel il devait succéder, le rappela en Savoie. Lorsqu'il eut pris possession du siège épiscopal, les nombreuses occupations auxquelles il fut astreint par sa nouvelle dignité le forcèrent à différer pour quelque temps l'exécution de ses projets.

Il s'empressa cependant de leur donner suite aussitôt que cela lui fut possible, et se rendit dans le pays de Gex dès le mois d'août 1603 pour y faire sa première entreprise de missions. A son arrivée dans le bailliage, le prélat fut rejoint par le baron de Lux et par le duc de Bellegarde, gouverneur de la province, accourus pour lui prêter main-forte dans le cas où il rencontrerait une opposition violente de la part des populations. Ainsi escorté, François parcourut le bailliage et commença à prêcher en divers lieux, de même que plusieurs prêtres qui l'avaient accompagné.

On a beaucoup exagéré le succès de ces prédications de l'évêque d'Annecy ; il est certain, au contraire, qu'elles en eurent fort peu. Le bailliage de Gex était réformé depuis un temps assez considérable pour que ses habitants se fussent attachés de cœur à la religion protestante ; ses pasteurs étaient assez nombreux et assez disséminés dans le pays pour avoir pu répandre chez toute la population la connaissance des vérités évangéliques ; ses habitants avaient un contact immédiat et fréquent avec Genève, où la réforme subsistait encore dans sa ferveur primitive ; enfin, les garanties que les édits de Henri IV accordaient aux protestants étaient pour eux un motif légitime de sécurité. Cet ensemble de circonstances formait autant de causes tendant à entraver les efforts de l'esprit de prosélytisme. Les tentatives du prélat furent donc à peu près nulles auprès des habitants du pays de Gex, relativement aux conversions.

En revanche, François mit tous ses soins à réorganiser l'Église romaine dans le pays. De fructueuses collectes, faites par lui en France, ayant mis entre ses mains des ressources pécuniaires dont il sut habilement profiter, il eut le moyen d'introduire dans la contrée, à côté des prêtres séculiers qu'il établit dans plusieurs paroisses, un certain nombre de religieux, de l'ordre des Carmes et des Capucins, à l'activité desquels il avait eu recours, non sans quelque succès, dans ses missions auprès des paysans du Chablais.

Mais la mesure que François avait le plus à cœur de pouvoir effectuer était le recouvrement des biens ecclésiastiques. Quoique sa tentative de l'année précédente eut échoué, il n'avait cessé depuis cette époque de multiplier ses instances pour arriver à son but; enfin, après de nombreuses sollicitations auprès du parlement de Dijon, il obtint de ce corps un arrêt l'autorisant à recouvrer une partie des bénéfices qu'il convoitait. Dès qu'il eut reçu ce décret, François se mit en devoir de le faire exécuter et racheta plusieurs biens d'Église en en payant la valeur à leurs propriétaires. L'acquisition de ces biens était regardée par lui comme une mesure indispensable pour le succès de son œuvre, et afin que leur rachat pût continuer à s'opérer pendant son absence, il établit dans le bailliage un *économe* ou chargé d'affaires, dont les fonctions devaient spécialement consister à poursuivre la restitution des bénéfices. Un prêtre, nommé Claude Jacquier, qu'il avait placé comme curé à Gex, fut désigné par lui pour remplir cette charge.

Tels furent les principaux résultats de la mission de François de Sales dans le pays de Gex. Il est presque superflu d'ajouter que le prélat put accomplir son œuvre dans la contrée sans y voir l'ordre troublé une seule fois, et sans avoir besoin de réclamer l'assistance du gouverneur ou du commandant pour contenir des populations qui n'avaient jamais eu l'idée d'une résistance matérielle.

Dans les années qui suivirent, plusieurs possessions ecclésiastiques furent rachetées par les soins de l'économe; cependant l'ardeur que les prêtres romains apportaient à recouvrer les biens d'Église les entraîna parfois trop loin. Ils s'emparèrent ainsi de plusieurs fonds sans songer à dédommager les particuliers qui les avaient loyalement acquis. Les réformés virent avec autant d'inquiétude que de surprise ces usurpations; ils réclamèrent avec force et persistance contre les *excès des catholiques*. Leurs plaintes furent sans doute écoutées; car, à deux reprises différentes, en 1606 et en 1608, ils obtinrent du Conseil d'État du roi la confirmation de l'arrêt de 1602, qui conservait aux protestants la jouissance des biens d'Église, jusqu'à ce que des fonds équivalents leur eussent été accordés en compensation. Il est à supposer que, dès lors, le rachat des bénéfices dut s'exécuter d'une manière plus régulière.

Outre l'avantage de pouvoir entretenir un clergé nombreux et actif, l'évêque trouvait, dans la possession des biens ecclésiastiques, le moyen de favoriser l'immigration catholique, en établissant sur ces domaines des fermiers et des ouvriers venus du dehors, et généralement de la Savoie. Ainsi se créait, au milieu de l'ancienne population réformée, une population nouvelle, toute dévouée à Rome, et répandue dans la plupart des villages du pays.

Les conséquences de cet état de choses ne tardèrent pas à se faire sentir. Au bout de peu d'années s'était constitué dans le pays de Gex un parti systématiquement hostile aux réformés, cherchant à empiéter sur leurs droits, à restreindre leurs priviléges, et dont l'audace et les prétentions étendues formaient un singulier contraste avec sa faiblesse numérique. En 1609, quelques catholiques, habitants des villages de Sessy, de Peron et de Challex demandèrent que les temples et les cimetières de ces trois paroisses leur fussent rendus, conformément à l'édit de Nantes. Ils obtinrent effectivement le 5 février un arrêt au Conseil, portant que « l'exercice de la religion catholique, apostolique et « romaine serait rétabli auxdits villages, et que les « églises, et cimetières en dépendants, leur seraient

« rendus, conformément à l'article 3 de l'édit de « Nantes; et, ce faisant, seraient baillés, par les « juges et officiers des lieux, à ceux de la religion « P. réformée, des lieux commodes, suivant l'édit, « pour faire l'exercice de leur religion, et enterrer « leurs morts. » Le baron de Lux, comme lieutenant-général, fut chargé de faire exécuter ces dispositions. A cette nouvelle, François de Sales se rendit à Gex pour assister à la remise solennelle des cimetières et des trois temples entre les mains de son clergé.

Genève suivait avec douleur ces progrès du catholicisme si près de ses frontières et dans un pays auquel l'unissaient les liens d'une fraternité religieuse. Ses magistrats adressèrent au lieutenant-général des représentations énergiques; ils demandèrent et obtinrent que la messe ne fût pas introduite dans le village de Chalex, dont les deux tiers appartenaient alors à leur république.

Ce léger succès obtenu par la cause de la réforme ne devait pourtant pas être de longue durée. Deux ans plus tard, en 1611, à la suite de nouvelles démarches du parti papiste, le duc de Bellegarde, gouverneur de la province, introduisit la messe à Chalex et à Divonne. Genève protesta derechef contre la violation de ses droits de souveraineté à l'égard du premier de ces villages, et députa au gouverneur les seigneurs Lect et de la Maisonneuve pour l'engager à révoquer les mesures qu'il avait prises sans informations suffisantes. Mais Henri IV venait d'expirer, et la réaction catholique était alors excessivement forte à la cour de France ; la seigneurie de Genève ne pouvant plus faire parvenir ses réclamations jusqu'à l'autorité supérieure, n'obtint pas justice, et les réponses arrogantes du duc de Bellegarde aux demandes qu'elle lui avait adressées la forcèrent au silence.

Ainsi, les dix années qui venaient de s'écouler depuis le traité de Lyon jusqu'à la mort de Henri IV avaient vu s'aggraver sensiblement la situation religieuse des protestants du bailliage. Cependant leur position difficile fut allégée, pour un temps, par les rapports qui s'établirent alors entre leurs Églises et les autres Églises réformées du royaume, dans lesquelles ils trouvèrent un appui.

A dater du traité de 1564, la classe de Gex, isolée du corps ecclésiastique de Berne, était restée entièrement indépendante, et, même sous la domination de Genève, elle n'avait eu aucun lien effectif avec la Compagnie des pasteurs de cette ville. Mais à la suite du traité de Lyon, l'organisation presbytérienne des Églises réformées de France fut introduite dans le bailliage. Incorporée, en 1603, par un arrêté du Synode national de Gap, à la province ecclésiastique de Bourgogne, la classe de Gex devint l'un des quatre *colloques,* dont la réunion formait le Synode de cette province. En même temps, conformément à la discipline établie chez les réformés français, un consistoire, composé de pasteurs et d'anciens, fut reconstitué dans chaque paroisse. Cette organisation reçut, quelques années plus tard, la sanction des pouvoirs civils.

Dans les quelques années du règne de Henri IV qui suivirent l'établissement de cette constitution nouvelle, plusieurs assemblées de colloque furent tenues dans le bailliage. Un Synode provincial se réunit même, le 2 juillet 1607, dans la ville de Gex ; les Églises de Bourgogne, de Lyonnais, de Forez, de Maconnais, de Gex et de Bresse y furent représentées. La session dura plusieurs jours, et, en se séparant, l'assemblée députa à Genève sept de ses membres, trois ministres et quatre anciens, pour y remercier la Compagnie des pasteurs d'une lettre que ce corps lui avait adressée, et dans laquelle il l'assurait de son affection fraternelle.

La mort de Henri IV enleva aux réformés du bailliage de Gex le dernier espoir qu'ils pouvaient encore fonder sur la protection de l'autorité royale pour le maintien de leurs droits. L'avènement de Louis XIII, en consacrant une alliance de plus en plus intime entre le pouvoir civil et le clergé romain, fut pour eux le point de départ d'une ère de contrainte et de vexations, qui préludèrent, en quelque sorte, aux persécutions qui devaient fondre sur eux pendant le règne suivant.

Les réformés de France, réunis en assemblée générale à Saumur en 1611, ayant demandé au roi le règlement de toutes les difficultés relatives à l'édit de Nantes dans les lieux où il n'avait pas encore été exécuté, obtinrent que deux commissaires, l'un catholique, l'autre réformé, seraient nommés dans chaque province pour y faire mettre l'édit en vigueur. En conséquence de cette décision, Villarnoul de Jaucourt, gentilhomme protestant, et Le Masvier, conseiller et maître des requêtes, commissaires pour la province de Bourgogne, se rendirent dans le pays de Gex vers la fin de l'année 1611 ; on les y reçut sans opposition, et ils y tranchèrent toutes les questions en litige par l'établissement définitif de l'édit de Nantes, qui jusqu'alors n'avait reçu qu'une exécution partielle. Plusieurs des dispositions qu'ils firent mettre en vigueur étaient dures pour une population protestante. De ce nombre était celle qui prescrivait aux réformés de solenniser les fêtes de l'Église catholique, et leur défendait de travailler ces jours-là *à boutique ouverte, ni publiquement, ni aux champs, ni dans les maisons fermées, à aucun métier dont le bruit pût être entendu dans les rues et par les voisins.*

Cependant les commissaires s'appliquèrent à remplir leur mandat de la manière la plus équitable et la plus impartiale, et cherchèrent soigneusement à éviter tout ce qui pouvait devenir une source de division entre les habitants des deux cultes. Une ordonnance et un règlement rendus par eux, le 12 décembre 1611, stipulèrent que l'observation de l'édit de Nantes ne porterait aucun préjudice aux traités, arrêts et règlements précédemment obtenus par les réformés; et qu'en particulier l'article troisième, relatif à la dépossession des temples, cimetières et pensions, ne serait exécutoire que lorsque le roi aurait pourvu les réformés de fonds équivalents aux biens qui leur seraient enlevés. Ce point ayant été expressément réservé, les commissaires firent publier l'édit dans le bailliage; les officiers royaux jurèrent de veiller fidèlement à son exécution, et les protestants l'acceptèrent sans murmurer.

Mais il n'en fut pas de même de l'évêque et des catholiques du pays; ils réclamèrent l'exécution littérale de l'édit, qu'ils savaient être tout au détriment des réformés, et François de Sales demanda à être mis en possession « de toutes les églises, cimetières, maisons presbytériales, revenus et domaines ecclésiastiques. » Les protestants élevèrent de justes plaintes contre ces prétentions exorbitantes, et les commissaires, trouvant qu'il n'y avait pas lieu de changer leur position, leur donnèrent gain de cause par une ordonnance en date du 19 décembre.

Toutes les difficultés paraissaient terminées par cette dernière décision ; aussi, après avoir rendu dans le bailliage quelques arrêts de police, Le Masvier et Villarnoul présentèrent-ils au Conseil du roi un rapport sur la manière dont ils avaient accompli leur mandat dans le pays de Gex. Mais François de Sales avait déjà eu le temps d'influencer en sa faveur soit la reine régente, soit les membres du Conseil ; et, le 15 juin 1612, au mépris de l'ordonnance des commissaires, un arrêt royal, jugeant en dernier ressort la contestation déjà terminée entre les habitants des deux cultes, vint prescrire l'exécution littérale et immédiate de l'édit. En vertu de cet arrêt, tous les bénéfices ecclésiastiques devaient être remis au clergé romain, ainsi que les églises, tant celles qui étaient ruinées, que celles dont les réformés se servaient pour leur culte ; tous les cimetières devaient aussi être partagés, *par portions égales*, entre les habitants des deux communions. Cette dernière mesure, déjà prescrite en 1602, n'avait pas été exécutée partout, à cause de son inutilité dans les paroisses où il n'existait point de catholiques. Pour dédommager les protestants du préjudice que leur causait cette spoliation, le roi leur promettait un don annuel de 3,600 livres, à prendre sur les *deniers d'octroi*. On appelait ainsi un fonds de 15,000 écus accordé par l'État aux protestants, en compensation des dîmes que ceux-ci devaient lui payer, et qui devait servir à l'entretien de leurs académies et de leurs pasteurs.

En fait, le roi ne donnait *rien*.

Deux nouveaux commissaires, Bénigne Milletot, conseiller au parlement de Dijon, et Pierre de Brosses, seigneur de Tournay, lieutenant civil et criminel au bailliage de Gex, furent chargés de présider à l'exécution de l'arrêt. François de Sales se rendit à Gex pour assister à leurs opérations, et pour reprendre lui-même ces temples et ces bénéfices, dont son audacieuse persévérance avait enfin réussi à déposséder toute une population. Le Conseil de Gex protesta auprès des députés royaux contre tout ce qui allait se passer; les pasteurs et les fidèles imitèrent son exemple; mais tout fut inutile; les instructions des commissaires étaient formelles. Le seul adoucissement qu'ils crurent pouvoir apporter à une mesure qui frappait les anciens habitants du bailliage d'une manière si douloureuse fut l'offre de leur conserver la jouissance de six temples pendant l'espace d'un an, en attendant qu'ils se fussent construit de nouveaux lieux de culte; mais les réformés, révoltés à juste titre des conclusions de l'arrêt royal et de la partialité du gouvernement, refusèrent d'accepter cette offre. L'arrêt fut alors exécuté selon sa teneur. Le 16 juillet et les jours suivants, de Brosses et Milletot entreprirent une visite générale des paroisses du bailliage ; ils firent dans chaque localité la remise solennelle de l'église et des bénéfices entre les mains de François de Sales et des membres de son clergé, et procédèrent aussi au partage des cimetières.

Les protestants ne pouvaient se soumettre à la spoliation dont ils étaient les victimes sans épuiser tous les moyens de réclamation légale contre un acte qui portait une atteinte grave à leurs droits autant qu'à leur liberté religieuse. Un gentilhomme réformé du bailliage, Pierre Chevalier, seigneur de Fernex, se chargea de présenter au Conseil du roi leur requête, qui fut appuyée par les députés généraux des protestants français. Demander la restitution des biens d'Église, ou un dédommagement pécuniaire équivalent à leur valeur, eût été, vu la puissance de leurs ennemis, s'exposer à un refus évident ; les réformés de Gex durent donc modérer beaucoup leurs prétentions et bornèrent leurs réclamations aux points suivants : Ils demandèrent que les églises et les cimetières des paroisses entièrement protestantes leur fussent laissés en toute propriété ; que dans les paroisses *où il y avait des catholiques*, on permît aux réformés de se bâtir des temples, en leur remboursant les réparations faites par eux aux anciennes églises; que le nombre de leurs pasteurs ne fût pas diminué; qu'ils reçussent tous un traitement égal sur la somme de 1,800 écus (5,400 livres); enfin, que cette somme ne fût pas prise sur les deniers d'octroi, auxquels avaient droit tous les réformés de France, mais donnée par le roi, pour être uniquement affectée aux protestants du pays de Gex.

L'infatigable François de Sales veillait toujours auprès des autorités supérieures pour combattre toutes les démarches des réformés. Au moment où fut présentée la requête des habitants du bailliage, il usa de son crédit pour prévenir Marie de Médicis contre les réclamations qu'elle contenait; aussi la mission de Chevalier fut-elle à peu près infructueuse. Le 23 décembre 1612, en présence du jeune roi et de la reine régente, le Conseil royal rendit, *avec le consentement de l'évêque,* un arrêt en réponse à la requête des protestants. Cet arrêt leur conservait pour l'année courante les trois quarts des revenus des biens ecclésiastiques, et donnait le dernier quart seulement au clergé romain; mais du reste, tout en accordant quelques concessions insignifiantes, il se bornait à confirmer l'arrêt précédent. Voici le résumé de ses dispositions :

Toutes les églises étaient laissées aux catholiques,

à la charge par eux de rembourser les grosses réparations que les réformés y avaient faites : les deniers en procédant seraient employés par ceux-ci *à l'achat de temples pour l'exercice de leur religion*. Le partage des cimetières était approuvé, comme conforme à la lettre de l'édit de Nantes. Les pasteurs, conservés en même nombre que par le passé, seraient rétribués également sur la somme de 1,200 écus (et non de 1,800, comme l'avaient demandé les réformés) ; mais, quant à cette somme, malgré les pressantes instances des protestants et des députés généraux, le roi refusait complètement de l'accorder, et entendait qu'elle fût prise sur les deniers d'octroi. Il résultait de là que les ministres du bailliage ne pouvaient recevoir leur salaire qu'au détriment des autres pasteurs du royaume, combinaison habilement conçue dans le but de semer des germes de division entre les réformés ; et, en outre, que la couronne, qui avait dépouillé les protestants de tous leurs biens d'Église, ne leur rendait en échange aucun dédommagement.

Cependant le roi, pour conserver les apparences de la justice, et paraître témoigner aux réformés quelque intérêt, leur faisait des concessions illusoires. Il accordait magnifiquement aux pasteurs la jouissance *de ce qu'ils possédaient dans le bailliage en la souveraineté de Genève*. Relativement à la construction des temples, il permettait aux habitants de prendre dans les communes le bois nécessaire pour la charpente, et leur cédait aussi les matériaux des couvents abattus; or le pays de Gex s'étendant au pied d'une montagne boisée, le don des charpentes avait peu de valeur pour les réformés; et quant aux couvents, ceux qui jadis avaient existé dans le bailliage, sécularisés au moment de la réformation, devaient être ou démolis depuis longtemps, ou passés à l'état de propriétés privées.

En définitive, les arrêts du 15 juin et du 23 décembre étaient une violation flagrante des édits antérieurs; ils dépouillaient les protestants de la manière la plus inique et rendaient leur sort tout à fait précaire. Les 3,600 livres que le roi consentait à leur assigner étaient, en effet, une compensation vraiment dérisoire, si l'on songe que cette somme devait suffire à l'entretien de douze pasteurs, et qu'il fallait encore prélever sur elle les frais du culte et les dépenses que nécessitait l'entretien des temples. Ces arrêts étaient de plus une source féconde de contestations et de procès entre les habitants des deux communions relativement à l'indemnité que les catholiques devaient payer aux protestants pour les réparations faites par ceux-ci aux anciennes églises.

Cette décision devait avoir encore, ainsi que nous l'avons observé, une conséquence plus fâcheuse en introduisant un ferment de division entre les protestants à l'occasion de leurs intérêts pécuniaires, puisqu'elle n'accordait aux uns quelque apparence de justice qu'au détriment des autres. On put le voir en 1613, lorsque les réformés de la ville de Gex voulurent instituer un collège. Mécontents de la somme un peu faible qui leur avait été allouée à cet effet par leur synode, dont les ressources venaient d'être amoindries, ils en appelèrent au Conseil royal, ce qui était contraire à la discipline intérieure de l'Église, et leur valut une vive censure de la part du synode national assemblé à Tonneins l'année suivante. Le même synode saisit encore cette occasion pour adresser au roi une nouvelle requête, afin que la somme de 3,600 livres assignée aux réformés de Gex, ne fût plus à la charge des autres Églises du royaume, mais cette démarche demeura sans résultat.

Pendant que François de Sales voyait, grâce à la protection de la cour, ses projets sur le bailliage réussir d'une manière si complète, il entamait une autre campagne, dirigée principalement contre Genève, mais dans laquelle, d'une manière indirecte, les réformés du pays de Gex se trouvaient également intéressés. La république possédait, dans la contrée, des terres assez nombreuses provenant du prieuré de St-Victor et du chapitre de St-Pierre. Berne, la

Savoie et la France, qui avaient possédé successivement le territoire limitrophe, les avait reconnues sa propriété; Henri III en 1589 et Henri IV en 1592 lui en avaient même garanti la souveraineté pleine et entière. Mais François de Sales, que nous avons vu consacrer tant de temps et d'efforts à poursuivre la restitution des bénéfices ecclésiastiques des réformés du pays de Gex, ne convoitait pas moins avidement les biens qui appartenaient aux Genevois. Ces terres, au nombre d'une vingtaine, disséminées sur tout le pays, auraient, on le comprend, en passant entre ses mains, accru singulièrement son influence et les moyens d'action dont il pouvait disposer; aussi ne négligea-t-il rien pour s'en rendre maître. Après un échec assez sensible en 1602, il revint à la charge dix ans plus tard, au moment de la mise à exécution de l'édit de Nantes dans le bailliage. Mais la république de Genève, servie avec zèle par son représentant à Paris, le syndic Anjorrant, réclama, auprès de la reine-mère et des ministres, avec toute l'énergie que lui donnait l'évidence de ses droits. Elle obtint gain de cause, et le prélat, moins heureux cette fois que d'habitude, dut abandonner ses poursuites.

Avec l'année 1612 se terminent d'une manière à peu près complète les longs efforts de l'évêque d'Annecy pour amener dans le pays de Gex le triomphe de son plan de restauration du catholicisme. Ce triomphe, il l'avait obtenu par l'arrêt du 23 décembre. La restitution des églises et le recouvrement des biens ecclésiastiques étaient le but qu'il lui importait avant tout de poursuivre; une fois qu'il l'eut atteint, son activité et son ardeur pour la conversion du bailliage se ralentirent beaucoup. Le 30 novembre 1613, le prélat ordonna aux prêtres qui célébraient habituellement la messe dans les églises de Gex, Farges, Sessy, Peron, Chalex et Divonne, de la rétablir aussi à Thoiry et à Saconnex, « en attendant que, par le nombre des convertis, « les autres églises fussent ouvertes. » Durant les neuf années qui s'écoulèrent depuis ce moment jusqu'à la mort de l'évêque, les curés du pays de Gex profitèrent sans doute des avantages de leur position pour chercher à augmenter dans la contrée le nombre des partisans de Rome; mais François ne nous paraît pas avoir pris de part directe à cette œuvre; tout au moins, pendant cette période, n'avons-nous trouvé d'autre trace de son activité dans cette partie de son diocèse que la rédaction d'un mémoire composé par lui en 1621 sur le rétablissement des cures du pays de Gex et sur *l'état de leurs revenus*. Cet homme, si souvent loué pour son détachement des choses de ce monde, connaissait bien la puissance de l'argent. S'il ne le recherchait pas pour son bien-être personnel, il n'en faisait pas abstraction lorsqu'il s'agissait de le faire servir à l'accomplissement de ses desseins. Cette réflexion ne nous est point inspirée par le désir de rabaisser le caractère de ce prélat, aux qualités éminentes duquel nous rendons toute justice, mais dont la politique, dans le domaine des choses religieuses, nous paraît souvent étrangère à l'esprit du Maître au service duquel il s'était, nous le croyons, très sincèrement voué.

CHAPITRE II

Les années qui suivirent l'arrêt de 1612 furent employées par les protestants à la construction des temples destinés à remplacer les églises qu'ils avaient dû livrer au clergé romain. Malgré la faiblesse de leurs ressources, ils parvinrent à en élever successivement dans vingt ou vingt et une localités, suivant que l'on compte ou que l'on ne compte pas le village de Pougny parmi celles où furent reconstruits des temples ; il est probable que, dans ce dernier hameau, un édifice quelconque fut approprié aux exigences du culte public. La coopération de quelques gentilshommes de la contrée leur permit d'augmenter le nombre de leurs sanctuaires. Les trois seigneurs de Sergy, de Fernex et de Crassier, usant des droits que leur conférait l'édit de Nantes, leur ouvrirent des chapelles dans l'enceinte de leurs demeures. Il est également à présumer que le baron de la Bastie-Beauregard contribua largement à l'érection du temple de Collex, village de sa dépendance, assez rapproché de son château, et où, vers le milieu du dix-septième siècle, il faisait célébrer régulièrement le service divin. Les réformés, qui, antérieurement à 1601, avaient la jouissance de vingt-cinq églises, se retrouvèrent ainsi en possession du même nombre de lieux de culte qu'auparavant.

Les paroisses se trouvaient aussi rétablies à peu près sur le même pied qu'avant l'époque des guerres ; elles étaient au nombre de onze, y compris celle de Gex, habituellement desservie par deux pasteurs ; ce qui portait à douze le chiffre des ministres du bailliage. Des relations fraternelles continuaient à exister entre ces derniers et leurs collègues de Genève. La cité réformée, toujours prête à soutenir les propagateurs de l'Évangile, ne cessa de s'intéresser aux pasteurs du pays de Gex, dans les rangs desquels elle compta plusieurs de ses citoyens. Au début du dix-septième siècle, elle leur donna David du Piotay et Jacques Gautier, l'un et l'autre pasteurs à Gex; Jean Jappé, pasteur à Chalex, où il accomplit un long ministère; Abraham Dupan, pasteur à Thoiry; enfin Paul Baccuet, pasteur à Divonne, qu'il quitta en 1631 pour aller remplir des fonctions pastorales et académiques dans sa patrie. Plus tard, nous rencontrons encore, parmi les ministres du pays de Gex, d'autres noms genevois.

En 1622, le colloque de Thoiry ayant décidé de célébrer un jeûne public à l'occasion des calamités auxquelles les Églises réformées se trouvaient exposées en divers endroits, comme plusieurs paroisses du bailliage étaient alors dépourvues de pasteurs, le colloque fit prier la Vénérable Compagnie de Genève de leur en prêter « tel nombre qui sera nécessaire, afin qu'aucun ne se trouve privé d'un si saint exercice à faute de pasteurs. » Dans maintes occasions, des demandes analogues se renouvelèrent, et toujours elles reçurent un accueil favorable.

Les Églises de Gex et celle de Genève se concertaient aussi pour exécuter réciproquement les mesures disciplinaires qu'elles avaient prises. En particulier, les corps ecclésiastiques attachaient de part et d'autre une grande importance à ne pas permettre à leurs ressortissants d'aller participer aux sacrements ou faire bénir leurs mariages dans l'Église voisine sans être pourvus d'une attestation de leurs pasteurs ; formalité ayant pour but d'empêcher que nul ne parvînt à se soustraire à l'autorité du consistoire dont il dépendait.

Si les attaques du parti catholique s'étaient un peu ralenties après l'exécution des dispositions de l'édit de Nantes favorables au clergé romain, l'esprit de prosélytisme ne s'était point éteint chez ce dernier. Les documents de l'époque nous en fournissent quelques témoignages. Ainsi, le consistoire de Thoiry, écrivant, en juin 1617, à la Vénérable Compagnie de Genève, pour prier ce corps de lui laisser son pasteur, spectable Dupan, que la Compagnie avait réclamé, motive sa demande sur le zèle que ce pasteur avait su déployer pour maintenir ou ramener au sein de son troupeau certains membres de ce dernier, que l'adresse des ecclésiastiques catholiques en avait détournés. « Le curé du lieu et *(ses)* aides, » disent les anciens de Thoiry, « pensent faire sacrifice à Dieu s'ils peuvent égarer..... l'un des nôtres, jusques à leur donner de l'argent pour ce faire. »

Après quelques années d'un calme plus apparent que réel, l'horizon recommença à se couvrir de menaçants nuages. Le premier symptôme de la tempête qui se préparait fut la suppression absolue du traitement des pasteurs. Nous avons vu sur quelles bases peu équitables le faisait reposer l'édit de 1612; il était impossible que les mesures consacrées par cet édit pussent offrir, sous le rapport matériel, aux ministres du bailliage, les garanties d'un avenir assuré; aussi ce point fut-il l'objet de la première attaque. La faible somme que depuis 1612 on avait conservée aux pasteurs ne leur avait pas même été payée régulièrement. En 1623, les députés généraux des réformés se plaignaient au roi de ce que, depuis octobre 1621, les ministres du pays de Gex n'avaient rien touché de ce qui leur était dû; ils réclamaient les arrérages et demandaient dorénavant un paiement régulier. Louis XIII répondit à cette requête d'une manière évasive et se borna à promettre « qu'il y pourvoirait à l'avenir ».

Mais, dès 1626, ce fâcheux état de choses fit place à un état bien plus fâcheux encore; la subvention annuelle que le roi accordait à tous les réformés pour l'entretien de leurs ministres fut supprimée. Cette mesure eut pour effet de réduire à la misère les pasteurs du colloque de Gex, dont le traitement, nous l'avons vu, était entièrement prélevé sur la subvention royale; aussi se décidèrent-ils, en 1629, à présenter à la cour un exposé de leur malheureuse situation. L'un d'eux, François Perreaud, pasteur de Thoiry, fut délégué par ses collègues pour se rendre auprès du roi. Il partit, après avoir emprunté en leur nom, à la Vénérable Compagnie de Genève, la somme de 300 florins pour subvenir aux dépenses que nécessitait sa mission. Louis XIII était alors en voyage. L'infortuné Perreaud le suivit longtemps, de ville en ville, sans parvenir à se faire écouter. En arrivant à Grenoble, toujours à la suite de la cour, il y reçut, des pasteurs de cette ville et d'autres personnes bien informées, le conseil de terminer son voyage et de ne pas réclamer plus longtemps une audience qu'on s'obstinait à lui refuser. Cédant à la nécessité, il revint à Gex.

Une dernière démarche auprès du roi fut encore tentée, deux ans plus tard, par l'intermédiaire du Synode de Charenton; mais elle n'eut pas plus de succès. Dès ce moment, les pasteurs du pays de Gex durent renoncer à toute espérance de recevoir une subvention du gouvernement. Réduits à un état voisin de l'indigence, ils se virent peu à peu contraints de diminuer leur nombre. L'un des deux pasteurs de la ville de Gex fut supprimé. Vers 1637, la cure de Versoix devint vacante, et personne ne se présentant pour occuper ce poste, la paroisse demeura plusieurs années sans pasteur; enfin, le colloque de Gex se vit forcé de l'adjoindre à celle de la Bastie-Collex et Fernex, dont la circonscription était déjà considérable. Quelques années plus tard, la paroisse de Farges et Peron, se trouvant aussi dépourvue de pasteur, dut être divisée: le premier des villages dont elle se composait fut adjoint à l'Église de Collonges, et le second à celle de Chalex. Ces réductions restreignirent à neuf le nombre des pasteurs, en même temps qu'elles augmentaient la responsabilité et la tâche de plusieurs d'entre eux.

Les cotisations des paroissiens pour le traitement de leurs ministres, en usage dans la plupart des Églises du royaume, étaient désormais la seule ressource par laquelle il pût être pourvu à la subsistance des pasteurs. Fort pauvres eux-mêmes, les paroissiens ne pouvaient contribuer que d'une manière bien modique à l'entretien de leurs conducteurs spirituels, et, dans certains villages, ils se trouvaient entièrement hors d'état de le faire. Aussi les exhortations, parfois même les menaces que leur adressèrent le synode de Bourgogne et les synodes nationaux furent-elles impuissantes à changer cet état de choses. En 1650, par exemple, comme nous l'apprend le registre du consistoire de Fernex, Joseph Prevost, pasteur de cette paroisse, n'avait touché depuis l'année 1636, c'est-à-dire durant quatorze ans, que 1646 florins, un peu plus du quart de la faible rétribution qu'il aurait dû percevoir dans ce laps de temps.

Les pasteurs de Genève, témoins du dénuement de leurs frères, ne cessèrent de faire leur possible pour les soutenir et les encourager. Plus d'une fois, ils écrivirent, en leur faveur, soit aux Églises de Paris et de Lyon, soit aux synodes nationaux de France ; ils insistèrent, dans le même sens, auprès des Genevois propriétaires de domaines dans le pays de Gex; enfin ils soulagèrent directement l'indigence de leurs collègues, et, pendant plusieurs années, la Compagnie fit passer en secret des secours pécuniaires aux plus nécessiteux d'entre eux.

Bientôt de nouvelles épreuves vinrent menacer les Églises du bailliage. En 1634, un arrêt du Conseil royal interdit aux pasteurs de prêcher autre part que dans le lieu de leur résidence. Cette défense barbare, si elle eût été rigoureusement exécutée, aurait privé plus de la moitié des Églises de la prédication de la parole de Dieu ; mais il fut impossible de la faire observer d'une manière générale, et l'exercice du culte, suspendu dans quelques localités, fut, au bout de peu d'années, repris dans toutes.

Un grand nombre d'ordonnances vexatoires, rendues vers le même temps par le prince Henri de Condé, gouverneur de Bourgogne depuis 1632, et par M. de Machault, intendant de la même province, ne reçurent pas non plus leur exécution complète, à cause de l'exagération même des mesures qu'elles prescrivaient ; mais si leurs auteurs ne purent faire en réalité beaucoup de mal dans le pays de Gex, ils réussirent du moins par leurs décrets à jeter le trouble et l'inquiétude au milieu de ses habitants. Nous n'entrerons pas dans le détail de ces nombreux arrêts ou ordonnances, qui, en raison de leur peu d'effet, se reproduisirent plus tard; nous dirons seulement qu'en 1637, le gouverneur et l'intendant cassèrent, de leur propre autorité, l'édit de 1612, qui avait cependant été confirmé par le Conseil royal, et qui, malgré son injustice à l'égard des protestants, leur servait en quelque sorte de garantie contre de nouveaux malheurs.

Cette mesure fut le signal d'une série de persécutions de détail dirigées contre les réformés et d'empêchements apportés à l'exercice de leur culte. En 1641, Jacques Clerc, ministre de Collonges, étant venu faire un catéchisme à Gex, où ne se trouvait alors aucun pasteur, est emprisonné, par ordonnance du bailli, et condamné à une amende de 50 livres. En 1647, le même pasteur est poursuivi derechef, emprisonné, mis à l'amende, pour avoir fait des catéchismes à Logra et à Farges. En 1655, nouvelle procédure contre le même ecclésiastique et son collègue Osée Gautier, pasteur de Chalex, « à cause de la bénédiction d'un mariage où l'une des deux parties avait été convertie, ayant embrassé la foi chrétienne ».

Mais le fait le plus saillant de cette persécution

anticipée est le long procès qui eut lieu au sujet du culte et du temple de Gex. Lorsque le prince de Condé fut nommé gouverneur de Bourgogne, les protestants de la ville de Gex n'avaient pas encore construit l'édifice destiné à remplacer l'église paroissiale restituée par eux au clergé romain. Le gouverneur voulut profiter de cette circonstance pour les obliger de célébrer leur culte dans le village de Sessy (ou Cessy), situé à quelque distance de Gex, sur la route de Genève. Les réformés, qui formaient presque toute la population de la ville, ne cédèrent pas aisément à cette injonction ; ils continuèrent sans doute, comme par le passé, à se réunir, pour leurs assemblées religieuses, dans une maison particulière. Mais, en 1638, la mort du pasteur de Gex fournit au parti romain un nouveau prétexte d'intimidation ; il mit sur pied des archers et un prévôt, afin d'empêcher les protestants de nommer un successeur au défunt. Les réformés représentèrent au Conseil d'État qu'ils avaient toujours joui du droit d'exercer librement leur culte dans la ville de Gex. En 1641, comme ils avaient demandé au gouverneur de confirmer la nomination du pasteur Amé de Bons, qu'ils avaient appelé à la tête de leur paroisse, le prince renvoya leur requête au Conseil ; mais ce corps, déterminé par les influences cléricales à supprimer l'exercice du culte réformé dans la ville, rendit, en 1642, un arrêt par lequel les protestants étaient déboutés de leur demande et condamnés aux dépens. Ils résistèrent avec fermeté à ce décret, contraire à leurs droits les plus évidents, et prirent, provisoirement, pour local de leur culte, une grange située dans la ville, non loin du château. En 1647, le bailli de Gex interdit de nouveau la prédication, et la même année, la duchesse douairière de Condé écrivit à son procureur fiscal, dans les termes les plus dédaigneux pour les réformés, d'avoir à s'opposer « à leurs entreprises ». De nouvelles réclamations furent adressées plus tard, par ces derniers, au duc d'Enghien (depuis le Grand Condé), qui venait de succéder à son père dans le gouvernement de la Bourgogne; mais les sollicitations contraires de l'évêque d'Annecy, Charles-Auguste de Sales, furent d'un plus grand poids auprès du prince, qui rendit, le 12 mars 1648, une ordonnance en vertu de laquelle tout exercice du culte était interdit au pasteur de Bons et aux réformés dans la ville de Gex.

Cet arrêt fut loin de terminer le différend. La longue lutte que les protestants venaient d'avoir à soutenir, en leur révélant les intentions et la force du parti romain, leur avait ouvert les yeux sur les dangers qui les menaçaient. Résolus à maintenir leurs droits et indignés du déni de justice dont ils étaient victimes, ils achetèrent du terrain dans la ville et y firent conduire des matériaux, afin d'élever un temple qui remplaçât convenablement la grange dans laquelle ils se réunissaient pour leur culte. Une collecte faite à Genève pour les aider dans la construction de ce temple produisit environ 2,500 florins.

Au premier bruit de la détermination hardie des réformés, les curés du bailliage portent plainte au parlement de Dijon, qui suspend jusqu'à nouvel ordre l'érection de l'édifice. De leur côté, les protestants obtiennent, de la Chambre mi-partie de Grenoble, un arrêt qui, d'après l'édit de Nantes, défend de les troubler en aucune façon, sous peine de 3,000 livres d'amende. L'affaire est ensuite reportée devant le parlement de Dijon, puis devant le Conseil privé. Enfin, après de longues procédures, l'arrêt de ce dernier corps, complètement dévoué aux catholiques, confirma les premières défenses faites aux réformés. De plus, on leur contesta le droit d'appel à la Chambre mi-partie de Grenoble, droit reconnu par l'édit de Nantes. La tactique habituelle des catholiques était en effet de refuser aux protestants de Gex toute application de l'édit qui eût pu leur être favorable; chaque fois, au contraire, que ses dispositions pouvaient les inquiéter, on s'en faisait une arme contre eux. Les défenses de bâtir le temple furent réitérées à diverses reprises, de 1659 à 1661, et on parvint même à les faire prononcer par la Chambre de Grenoble ; mais les protestants n'en tinrent compte et travaillèrent avec activité à la construction de l'édifice, qu'ils achevèrent entièrement.

Pendant les pénibles luttes de ce long procès, des débats à peu près semblables avaient lieu au sujet de la construction du temple de Versoix. Durant plusieurs années, les habitants de cette localité, ne pouvant, vu leur indigence, contribuer à l'entretien du ministère, étaient demeurés sans pasteur. Le local affecté au culte tombait en ruines. En 1657, César Rey, jeune et zélé ministre dauphinois, ayant été nommé pasteur des trois villages de Collex, Fernex et Versoix, rétablit, dans cette dernière localité, le service divin, qui se célébra dans une maison, dont la bourse de la paroisse payait le loyer. Vers 1661, stimulés par leur pasteur, les protestants de Versoix entreprirent de relever leur temple. Mais le curé du village y mit opposition, et le Conseil royal défendit de continuer les travaux. Alors s'engagèrent, à ce sujet, des procédures dont nous ne connaissons pas exactement l'issue. Il est à présumer toutefois que, comme leurs frères de Gex, les réformés de Versoix parvinrent à terminer la construction de leur temple.

A cette époque, les agressions contre le culte réformé allaient se multipliant. Dans le pays de Gex comme ailleurs, les meneurs intolérants du parti catholique profitèrent des dispositions du chef de l'État, si ouvertement favorables à leurs projets, pour accabler de vexations leurs antagonistes. Le 15 mars 1657, ils obtinrent, du parlement de Dijon, un arrêt dirigé contre les réformés. Quelques-unes de ses prescriptions avaient peu d'importance; mais la plupart d'entre elles étaient odieusement gênantes pour ceux qu'on voulait y soumettre. Les réformés étaient tenus, d'après cet arrêt, de se découvrir au passage du saint sacrement dans les processions, ou de se retirer à son approche, d'orner ou de laisser orner leurs maisons de tentures les jours de fêtes catholiques, et d'observer exactement ces jours de fête, qui devaient être publiés par les pasteurs eux-mêmes, d'après les listes que leur donneraient les curés. Il leur était défendu d'empêcher les prêtres romains de visiter les condamnés et les malades protestants quand ceux-ci le désireraient, « ce qu'on « ne manquait pas de supposer, » dit un contemporain, « chaque fois qu'un ecclésiastique avait envie « de tourmenter quelque malheureux». L'exercice du culte était interdit à Gex, de même que la tenue des écoles; les réformés ne devaient ni s'approcher des églises catholiques pendant la célébration des offices, ni vendre de la viande en temps de carême, ni en manger à la vue des catholiques, et de manière à les scandaliser. Il leur était interdit de bâtir des temples sans lettres patentes vérifiées ; et quant aux prédicateurs, ils ne devaient pas attaquer dans leurs sermons la religion romaine. Enfin, il était défendu aux protestants d'enterrer leurs morts ailleurs que dans les cimetières, ce qui visait les sépultures faites dans les temples. Cette dernière mesure, qui semble aujourd'hui très élémentaire au point de vue de l'hygiène publique, et que les réformés s'étaient déjà imposée spontanément, n'avait d'autre but que d'interdire les honneurs rendus par eux à quelques personnes de marque, et l'on ne songea nullement alors à l'imposer au clergé romain.

La même ordonnance nommait des commissaires pour régler les contestations relatives aux temples déjà construits, à la possession des cloches, au partage des biens communaux, et à quelques autres points, d'une importance moindre.

Cet arrêt produisit, à ce que nous pensons, peu d'effet, et ne fut guère mieux observé que les ordonnances rendues quelques années auparavant par l'intendant Machault et par le prince de Condé. La raison en est bien simple ; encore à cette époque, les catholiques se trouvaient dans le pays de Gex tellement inférieurs en nombre aux réformés que les arrêts contre ceux-ci n'avaient aucune sanction. Pour les faire observer, il eût fallut un grand déploiement de force de l'emploi de la contrainte dans tout le pays ; c'est le parti auquel l'autorité royale se décida un peu plus tard.

Au milieu d'attaques si multipliées, l'état des Églises du bailliage ne laissait pas que d'être satisfaisant sous le rapport du zèle et de la vie religieuse. Si des couvents destinés à la propagation de la foi romaine s'élevaient successivement dans la contrée, en revanche, il n'était point rare de voir des catholiques, amenés à la connaissance de l'Évangile, se présenter devant les consistoires, et demander à être admis dans les rangs des chrétiens réformés. Des collectes fréquentes étaient faites, soit pour venir en aide aux pauvres du pays, soit en vue de soulager de plus lointaines souffrances. Les paroisses s'efforçaient d'entretenir leurs maisons de prière avec autant de soin que le permettaient leurs chétives ressources, recourant parfois, pour cet objet, à l'assistance fraternelle de leurs voisins de Genève. Des fondations pieuses étaient faites, par quelques familles riches, afin de subvenir à l'entretien des ministres et des proposants de la contrée, et d'y assurer ainsi, d'une manière stable, l'existence et les progrès de la réformation. Les protestants du pays de Gex regardaient à la fois comme un devoir et comme un précieux avantage de rattacher étroitement leurs intérêts à ceux de la grande famille réformée française dont ils faisaient partie ; des députés ecclésiastiques et laïques les représentaient régulièrement aux réunions des synodes généraux et provinciaux.

Quatre fois, pendant le règne de Louis XIII et les premières années de celui de Louis XIV, le synode de la province de Bourgogne s'assembla dans le bailliage : en 1617, 1623, 1633 et 1656. Cette dernière assemblée empruntait, à la gravité des débats dans lesquels se trouvaient déjà engagés les protestants du pays, une importance particulière. On y insista sur la nécessité de ne rien négliger pour l'instruction de la jeunesse et de multiplier, autant que possible, les écoles et les catéchismes.

Les *colloques*, assemblées générales des pasteurs du bailliage, continuaient à se tenir régulièrement. Ils travaillaient, avec beaucoup de soin, à réprimer toutes les erreurs ou les habitudes superstitieuses qui leur semblaient contraires à l'esprit de l'Évangile, et veillaient, en même temps, à l'observation fidèle de la discipline ecclésiastique. Les actes de ces assemblées, s'ils nous eussent été conservés, nous offriraient sans doute d'intéressants détails sur la vie intérieure des Églises ; mais ils ont disparu presque tous, détruits ou dispersés par le souffle de la persécution. Les actes du colloque de 1647 sont la seule pièce de ce genre qui soit venue à notre connaissance.

Ce colloque s'assembla à Gex, du 30 juillet au 1er août, sous la présidence d'Amé de Bons, pasteur de la ville; les neuf pasteurs et plusieurs anciens des Églises du pays y assistaient; selon l'usage, un commissaire du roi y était aussi présent. Diverses décisions furent prises par l'assemblée en exécution des ordres des derniers synodes provinciaux; la lecture de la discipline dans les consistoires avant la sainte Cène, la célébration régulière des catéchismes, la reddition des comptes et le soin des archives des Églises, le règlement des collectes pour plusieurs entreprises pieuses, furent les principaux objets sur lesquels portèrent ses délibérations. Elle eut aussi à trancher plusieurs questions de discipline et à réprimer diverses superstitions. Enfin elle examina un proposant qui fut admis au saint-ministère, et s'occupa de permutations de pasteurs. Un autre proposant s'étant présenté pour subir les épreuves d'usage, le commissaire royal s'opposa à ce qu'il fût examiné, parce qu'il n'était pas d'origine française.

Les divers faits que nous venons d'énumérer sont à peu près les seuls détails qui soient arrivés jusqu'à nous sur l'état des Églises réformées du pays de Gex vers le milieu du dix-septième siècle. Sans rien offrir de bien saillant, ils nous révèlent quelques traits de leur piété et de leur vie religieuse ; ils nous permettent de constater chez les pasteurs une vive sollicitude pour le bien de leurs troupeaux, et chez les fidèles une action réelle et sanctifiante produite par l'Évangile. Ces faits, dont il importe de tenir grand compte, nous donnent, en quelque sorte, le secret de la force de résistance que nous verrons se déployer au sein de ces Églises ; ils nous expliquent comment, avec la bénédiction de Dieu, elles purent se maintenir, et même faire de nouveaux progrès, malgré les entraves extérieures qu'elles eurent à supporter dès le règne de Louis XIII, et comment, sous Louis XIV, elles purent soutenir pendant si longtemps les luttes longues et difficiles dont nous allons aborder le récit.

CHAPITRE III

L'année 1661 vit s'opérer un changement complet dans les conditions d'existence faites aux protestants du pays de Gex. Les vexations de détail par lesquelles le clergé romain et ses adhérents travaillaient, depuis tant d'années, à les affaiblir et à les désorganiser firent enfin place à une déclaration de guerre ouverte, et le vent de la persécution se déchaîna avec violence contre les Églises du bailliage.

Les pasteurs, aimés et vénérés de leurs paroissiens, et fortement rattachés à eux par l'organisation des consistoires, avaient vu jusqu'alors sans inquiétude les prêtres catholiques disséminés dans le pays accomplir les rites de leur culte devant deux ou trois adeptes rassemblés à grands frais dans leurs vieilles églises paroissiales. Bien souvent même, ces prêtres, fatigués d'un rôle aussi insignifiant, obtenaient l'autorisation de quitter leurs cures du pays de Gex pour résider dans quelque autre bénéfice. C'est ce que fit, en 1648, un jeune gentilhomme savoyard nommé Jean d'Aranthon, qui, ayant reçu quatre ans auparavant les ordres de prêtrise, avait été pourvu de la cure de Chevry, petit village situé près de Gex. Animé d'une ardeur juvénile, le nouveau curé, à peine installé dans ses fonctions pastorales (qui, pour le remarquer en passant, n'étaient pas fort absorbantes, car il n'avait pour seuls paroissiens qu'un meunier et sa famille), le nouveau curé, disons-nous, avait usé de tous les moyens en son pouvoir pour attirer à la religion catholique ses voisins protestants. Appelé par son évêque, Charles-Auguste de Sales, à diriger le monastère des ursulines de Gex, fondé depuis quelques années, et où régnait le plus grand désordre, le jeune curé de Chevry était attiré très fréquemment par cette fonction dans le chef-lieu du bailliage. Il se trouvait à Gex au moment où se tint le colloque de 1647, et n'eut garde de laisser échapper une si belle occasion de déployer son zèle contre le protestantisme; chaque jour il attendait les pasteurs au sortir du service divin, et les accompagnait opiniâtrément en discutant avec eux les points controversés. L'insuccès de ces tentatives ne le découragea pas; de retour dans sa cure, il écrivit, sur de grandes feuilles de papier, quelques fragments de ces controverses, et les attacha, en guise de tapisseries, aux murailles de son habitation.

Cet expédient, destiné à préparer la conversion des protestants dont il pourrait recevoir la visite, n'eut pas, à ce qu'il paraît, plus de succès que ses précédentes importunités; car bientôt, trouvant son champ d'action trop stérile et trop restreint, d'Aranthon abandonna le pays de Gex pour se fixer à Chambéry, après quelques années passées tantôt en voyage, tantôt à la cour de Turin, où ses talents de prédicateur étaient fort appréciés. Nous tenons d'autant plus à rendre justice à Jean d'Aranthon, que le rôle vraiment déplorable qu'il joua vis-à-vis de nos Églises nous a paru tenir moins aux imperfections de son caractère qu'aux conséquences fatales du système qu'il avait embrassé. Nourri des maximes de l'ultramontanisme, il travailla, par tous les moyens imaginables, à la destruction de l'Évangile, qu'il honorait et qu'il croyait soutenir ; homme d'une piété aussi vraie et plus naïve que son prédécesseur François de Sales, il ne craignit pourtant pas d'appeler la puissance séculière à l'appui de son zèle fanatique et d'assumer ainsi, devant l'histoire, la plus lourde des responsabilités.

Charles-Auguste de Sales étant mort au printemps de 1660, Jean d'Aranthon fut promu à l'évêché. A peine sa nomination fut-elle reconnue, que, poussé par sa propre ardeur et par les instigations de la cour de Rome, il entama sourdement les manœuvres qui devaient bientôt amener, pour les protestants du pays de Gex, de longues et cruelles persécutions. Il se rendit dans le bailliage pour conférer à ce sujet avec l'intendant de la province de Bourgogne. Ce fonctionnaire, nommé Bouchu, homme d'un caractère peu honorable, fort dévoué au clergé par politique et par esprit d'intrigue, était digne en tous points du rôle que lui avait assigné la propagande jésuitique. Nous ignorons complètement les détails de cette conférence ; mais si l'on y concerta le plan des persécutions que l'on voulait exercer contre nos Églises, la première résolution de ces menées ténébreuses datait de plus loin et partait de plus haut. Par les aveux échappés aux historiens catholiques, il est facile d'établir que l'évêque d'Annecy ne fut que l'instrument, instrument très actif, il est vrai, et très intéressé, des desseins concertés entre la cour de France et le pape contre les protestants français, et dont l'accomplissement fut couronné vingt-cinq ans plus tard par la révocation de l'édit de Nantes. L'attaque des Églises du pays de Gex fut, en quelque sorte, le coup d'essai de la puissance destructrice et cachée qui conduisit cette œuvre machiavélique.

Établis depuis quelques années dans le bailliage, et surtout dans les villages les plus rapprochés de Genève, les jésuites avaient déjà servi d'éclaireurs pour le coup de main qui se préparait, et la présence de cet ordre dans la contrée fut comme le présage et l'indice des malheurs qui allaient fondre sur elle. Au début de l'année 1661, Louis XIV ayant député, dans chaque province du royaume, deux commissaires, l'un catholique, l'autre réformé, avec mission de constater toutes les contraventions faites à l'édit de Nantes, l'intendant Bouchu fut nommé pour la province de Bourgogne, et on lui adjoignit comme second commissaire, mais seulement pour la forme, Marc Chevalier, seigneur de Ferney, gentilhomme protestant.

Les catholiques, il convient de le rappeler, formaient alors, comme l'attestent des documents authentiques et contemporains, la vingtième partie, tout au plus, de la population totale du pays de Gex, la soixantième seulement, si l'on en croit un factum émané de leur parti ; mais la première évaluation paraît être plus exacte. Quelques discussions survenues entre eux et les protestants furent le prétexte dont on se servit pour commencer l'attaque, et, le 15 avril, les griefs des uns et des autres furent déférés aux commissaires.

Les ecclésiastiques catholiques, comme partie intéressée dans ce procès, ne visaient à rien moins qu'à la suppression totale du culte réformé dans le pays de Gex. Toutefois ils ne donnèrent pas immédiatement la mesure de leurs prétentions. Dans un mémoire, d'une forme d'ailleurs violente et amère, ils demandèrent seulement deux choses : d'abord que le culte réformé fût interdit dans la ville de Gex ; puis, qu'il fût défendu aux ministres de prêcher ailleurs que dans le lieu de leur résidence, ce qui faisait tomber, d'un coup, toutes les annexes et entraînait la cessation du service divin dans une quinzaine de villages. Les auteurs de ce mémoire ne se bornèrent pas à le soumettre aux commissaires ; l'un des curés du bailliage, nommé Frésier, député par l'évêque à la cour, le présenta au Conseil privé du roi ; le monarque souscrivit aux demandes qui y étaient exprimées, et le prince de Condé, gouverneur de Bourgogne, donna l'ordre qu'elles fussent mises à exécution.

Placés à l'abri de l'édit de Nantes, que leurs ennemis eux-mêmes leur avaient imposé, les protestants pouvaient croire leur position assez garantie pour n'avoir pas à redouter sérieusement ces iniques prétentions. Confiants dans la bonté de leur cause, ils interjetèrent appel de l'arrêt royal; le pasteur César Rey et l'avocat Philippe Roch partirent en même temps pour la cour, en qualité de représentants des Églises, et cherchèrent à rétablir la vérité des faits, étrangement défigurée par leurs adversaires. Mais toutes leurs peines furent inutiles; après plusieurs mois de démarches et de plaidoyers à la suite desquels les Églises indigentes du bailliage se trouvèrent entièrement ruinées, les commissaires royaux ayant fait leur rapport, Bouchu ne craignit pas de rendre, au mépris de toute justice, une décision conforme aux désirs du clergé et dépassant de beaucoup encore la sévérité, déjà excessive, de l'arrêt du Conseil. L'intendant interdit, en effet, l'exercice du culte réformé dans tout le bailliage, à l'exception des deux localités de Sergy et de Fernex, où il daignait l'autoriser encore sous forme de concession purement temporaire. Ce qui diminuait la valeur de cette concession, c'était le choix, intentionnellement fait par Bouchu, des deux villages concédés comme seuls lieux d'exercice. Les protestants, en effet, ne possédaient, à Sergy et à Fernex, que de simples chapelles, renfermées dans les châteaux des seigneurs de ces localités, et par conséquent assez peu spacieuses.

Bouchu ne borna pas ses rigueurs à cette interdiction du culte dans vingt-trois villages; il y joignit une nouvelle série d'ordonnances dont l'habile et artificieuse combinaison avait pour but manifeste de préparer la ruine des malheureuses Églises. Ces ordonnances interdisaient la prédication à tous les ministres étrangers, en comprenant sous ce nom ceux de Genève; elles restreignaient le nombre des maîtres d'école à deux pour la totalité du pays, défendaient aux consistoires de citer devant eux ceux de leurs ressortissants qui assisteraient aux cérémonies de l'Église romaine, et menaçaient de mort les relaps. Elles privaient les réformés du droit d'enterrer leurs morts de jour et avec assemblée. Quoique les habitants de la religion romaine ne formassent qu'une faible minorité, elles leur accordaient la moitié du revenu des communes, en ordonnant que cette somme serait employée à l'entretien des églises et au paiement des maîtres d'école catholiques. En même temps, Bouchu destitua plusieurs châtelains et procureurs réformés, tout en offrant de les maintenir dans les charges qu'ils occupaient s'ils voulaient abjurer leur foi ; il ordonna que celui des deux syndics de Gex qui serait catholique aurait toujours la préséance, et imposa plusieurs pasteurs à des sommes excessives. Enfin, il menaça, si l'on ne se soumettait pas de bon gré à ses injonctions, de décharger tous les catholiques de la taille pour la reporter sur les réformés, et d'envoyer des gens de guerre dans le pays pour faire exécuter ses ordres par la force.

Le commissaire Chevalier, comme on peut le comprendre, protesta hautement contre des mesures aussi révoltantes ; mais malgré ses plaintes, Bouchu passa outre ; il promulgua ses ordonnances le 24 novembre, et en prescrivit l'exécution immédiate. Une terreur générale se répandit dans la contrée ; toutefois les protestants eurent le courage de réclamer contre les décrets de l'intendant et d'en appeler au Conseil du roi. La cause fut alors déférée au jugement de ce corps, qui, le 22 décembre 1661, commit deux maîtres des requêtes pour examiner de nouveau les plaidoyers.

Les réformés comprirent que l'heure était venue de déployer toute leur activité pour parer le coup dont ils étaient menacés. Mais leurs dernières ressources étant épuisées, il leur fallut adresser un appel direct à la charité de leurs frères des contrées voisines. Samuel Bernard, pasteur de Crozet, fut député par eux auprès des cantons évangéliques pour implorer leur assistance. Homme infiniment recommandable par sa grande piété, par son zèle pour la cause de l'Évangile, par la fermeté avec laquelle il soutenait les droits des Églises persécutées, le pasteur Bernard avait vu la fureur de l'intendant se déchaîner contre lui d'une manière toute spéciale ; et, comme il était originaire de Genève, Bouchu venait de saisir ce prétexte pour lui interdire la prédication dans toute la province sous peine de la vie. Bernard saisit avec empressement l'occasion qui s'offrait à lui de se rendre encore utile aux fidèles de ces Églises, au sein desquelles il ne pouvait plus exercer son ministère. Il se rendit à Berne, à Zurich, à Schaffhouse, et fut reçu partout avec la sympathie que méritaient les infortunes de ses coreligionnaires. Il eut, en particulier, le bonheur de rencontrer le pasteur Ulrich, l'un des chefs de l'Église zuricoise, un homme plein de zèle et de dévouement chrétien, qui embrassa chaudement la cause des Églises en souffrance, et ne cessa dès lors de veiller sur elles avec sollicitude. Sa mission étant achevée, Bernard revint à Genève où, quelques semaines après son retour, des dons généreux lui furent envoyés par les villes évangéliques pour les Églises dont il avait défendu les intérêts.

Malheureusement, pendant le voyage de Bernard, la situation de ces dernières s'était aggravée. Quoique le Conseil royal eût ordonné l'examen des plaidoyers et des raisons des deux partis, les sollicitations du clergé romain avaient bientôt conduit ce corps à violer sa propre décision ; sans entendre les réformés, sans même leur laisser le temps de produire leurs pièces, il venait de rendre, le 16 janvier 1662, un nouvel arrêt terminant la cause conformément aux conclusions de Bouchu, et ajoutant même de nouvelles injustices aux iniques ordonnances du 24 novembre. Ainsi, par cet arrêt, les consistoires furent privés du droit de prendre connaissance des causes matrimoniales; défense fut faite aux réformés de célébrer leurs mariages dans les temps interdits par l'Église romaine et d'avoir des maîtres d'école ailleurs que dans les villages de Sergy et de Fernex ; on leur interdit d'enterrer leurs morts dans les cimetières dont ils avaient été partiellement dépossédés, en joignant à cette défense celle d'acheter de nouveaux champs de sépulture à moins de 300 pas de distance des anciens.

Un décret spécial vint bientôt couronner ces prohibitions tyranniques en accordant aux débiteurs de la religion romaine un terme de trois années pour rembourser leur créanciers protestants.

L'odieux, on le voit, le disputait à l'absurde dans

cette étrange accumulation d'entraves, de prohibitions et de défenses, froidement calculées par le Conseil de Louis XIV pour écraser quelques obscurs villageois dont le seul crime était d'adorer Dieu selon leur conscience et de baser leur foi sur l'Évangile de Christ.

Le clergé romain et l'intendant triomphèrent. Ce dernier s'empressa de partir pour le pays de Gex, armé des arrêts qui attestaient sa victoire. Dès son arrivée, le 13 février, et malgré de nouvelles protestations du seigneur de Fernex, il publia une ordonnance prescrivant leur exécution. Ses agents pénétrèrent dans presque tous les temples et en brisèrent les bancs, « avec de grandes menaces, suivies de fâcheuses violences ; » ils en fermèrent et murèrent les portes ; enfin ils en enlevèrent les cloches, qui furent placées soit dans l'église paroissiale de Gex, soit dans les clochers des autres paroisses catholiques. Le territoire genevois lui-même ne fut pas respecté. Le 17 février, le Conseil de la république apprenant que Bouchu avait donné l'ordre de murer le temple de Chalex, qui était de la souveraineté de Genève, enjoignit au châtelain de la terre de Châteauvieux de s'y transporter. Il était trop tard : lorsque ce fonctionnaire arriva, l'édifice sacré venait d'être fermé par le procureur du roi au bailliage de Gex. L'un des habitants de Chalex, nommé Marchand, avait protesté de son chef contre cette violation de territoire; mais n'étant revêtu d'aucun caractère officiel, il n'avait pu obtenir un sursis.

Le rejet de l'appel des protestants devant le Conseil royal leur avait donné la triste certitude que tous leurs efforts pour obtenir justice seraient désormais inutiles; l'exécution brutale des arrêts les plongea dans une profonde douleur. Un mot bien caractéristique de l'intendant peint la situation et fait connaître les sentiments hostiles qui l'animaient contre eux. Au moment où l'on se préparait à fermer les temples, un pasteur, cédant à un mouvement de sainte indignation, protesta hautement contre la scène qui allait se passer, et tenta d'empêcher la violation des sanctuaires: « *Amenez-le-moi!* » s'écria Bouchu, lorsqu'il fut informé de cette courageuse, mais inutile opposition, « *amenez-le-moi! et s'il résiste, tuez-le!* » La femme de l'intendant avait accompagné son époux dans le pays de Gex; elle crut devoir en cette circonstance faire parade de sa dévotion, et porta elle-même des pierres aux maçons occupés à murer les portes des temples.

L'intendant semblait prendre à tâche d'outrepasser constamment la rigueur des arrêts qu'il était chargé d'exécuter. Après avoir fermé les temples, il sévit de son chef contre les pasteurs. Malgré sa défense de l'année précédente, ces derniers avaient continué, comme par le passé, à prêcher dans leurs paroisses ; ayant appelé des ordonnances de l'intendant, qui d'ailleurs n'avaient pas été approuvées par le commissaire réformé, ils ne s'étaient pas cru dans l'obligation de s'y soumettre et de priver ainsi leurs troupeaux de la prédication de la Parole de Dieu. Bouchu, affectant de voir dans cette conduite un acte de rébellion contre son autorité, se donna le barbare plaisir de lancer des prises de corps contre tous les pasteurs, à l'exception de deux d'entre eux, Jacques Clerc et Samuel Rouph, qu'il autorisa seuls à prêcher dans les lieux d'exercice concédés. Pour éviter d'être jetés en prison, les sept pasteurs devenus l'objet des poursuites de Bouchu durent prendre la fuite, et plusieurs d'entre eux se réfugièrent à Genève. La plus grande partie des protestants du bailliage se trouvèrent ainsi tout à coup privés de leurs conducteurs spirituels, et il ne resta d'autre ressource aux fidèles des paroisses les plus distantes de Sergy et de Fernex que de se rendre au service divin dans les églises situées sur les terres de Genève ou de Berne, ou de se rassembler dans leurs maisons pour y lire en commun quelques chapitres de l'Écriture sainte.

Les décisions prises dans le Conseil du roi n'étaient guère moins menaçantes pour la république de

Genève. Les meneurs du clergé romain n'avaient pas renoncé à dépouiller cette dernière des biens d'Église qu'elle possédait dans le bailliage. Lorsque Bouchu se rendit à Gex pour y faire murer les temples, il déclara, d'un ton menaçant, qu'il avait « une lettre de cachet du Roi pour la Seigneurie de Genève, concernant les villages de Chancy, Avully et Moins pour y mettre des curés ».

En apprenant cette malveillante manifestation, Genève n'eut garde de se laisser entraîner à des démarches inconsidérées. Elle n'y répondit qu'en députant auprès de l'intendant les seigneurs Colladon, Le Fort et Grenus pour le complimenter. Puis le Petit Conseil délibéra sur les événements qui se préparaient. Lecture fut faite du mémoire que Jean Sarasin avait rédigé en 1630 dans des conjonctures analogues, et l'on résolut de s'y conformer.

Après avoir fait exécuter dans le bailliage les arrêts qu'il avait obtenus, Bouchu se rendit à Genève, accompagné d'un certain nombre de moines et de prêtres, et d'une suite de vingt chevaux ; il descendit aux Balances, où il fut encore visité de la part du Conseil. Le lendemain, l'intendant exposa dans une audience officielle la commission dont il était chargé ; se fondant sur la prétendue imprescriptibilité des droits de l'Église, il demanda, au nom de son maître, la rétrocession de territoires et de revenus dont plusieurs traités garantissaient aux Genevois la pleine et libre possession. Le Conseil des Soixante, convoqué à cet effet, fit une réponse sage et digne ; il arrêta que, sans accorder au roi le droit de décider dans une cause qui ne ressortissait pas à son pouvoir et dans laquelle il était juge et partie, on lui demanderait un sursis pour l'informer des droits de Genève sur les biens et territoires en question. La rédaction d'un mémoire à ce sujet fut aussitôt ordonnée, et la mission de Bouchu auprès de la république étant accomplie, il se dirigea du côté de Saint-Julien. Arrivé à Carouge, il y trouva l'évêque, qui était venu à sa rencontre avec une escorte de plus de cinquante cavaliers, et continua sa route avec lui. Le prélat félicita Bouchu de ses succès dans le pays de Gex, et le supplia de lui faire obtenir un arrêt favorable pour l'établissement de curés dans les villages de Chancy, Avully et Moins, et pour la mise en possession des dîmes du bailliage ; il le conjura de n'épargner ni l'or ni l'argent pour parvenir à ce but. L'intendant répondit au prélat en lui donnant l'espérance qu'il en serait quitte à bon marché. Après cette conversation, ils allèrent ensemble entendre la messe dans l'église de Saint-Julien.

Le départ de Bouchu procura un léger répit aux Églises de Gex. Lorsqu'il eut quitté le bailliage, les autorités locales se relâchèrent un peu de la sévérité qu'il leur avait prescrite, et les pasteurs fugitifs purent rentrer dans leurs paroisses. Résolus à ne rien négliger pour la défense de leurs troupeaux, ils en appelèrent de rechef au Conseil royal, et le marquis de Ruvigny, député général des Églises réformées de France, se chargea d'intercéder en leur faveur auprès de Louis XIV. La fermeté chrétienne dont firent preuve ces fidèles serviteurs de Christ dans ces jours mauvais et difficiles est vraiment digne d'admiration. En butte aux coups redoublés de l'épreuve, ils ne négligèrent aucune occasion d'exercer, au milieu de leurs paroissiens affligés, leur ministère de paix et de consolation, cherchant eux-mêmes auprès de Dieu les forces et les secours dont ils avaient besoin pour des luttes sans cesse renouvelées. Leur premier acte, après leur retour, fut une protestation publique contre les décrets de l'intendant. Pour éviter de paraître accepter ses ordonnances, ils s'abstinrent, au début, de rassembler leurs troupeaux dans les deux lieux de culte que Bouchu leur avait assignés et recommencèrent à prêcher dans les deux châteaux de Crassier et de la Bâtie-Collex. Les seigneurs de ces villages, étant protestants, avaient, aux termes de l'édit de Nantes, le droit de faire célébrer chez eux le service divin. La multitude des assistants, qui se pressèrent dans ces deux chapelles, contraignit bientôt les ministres, malgré la rigueur de la saison, à tenir leurs assemblées en plein air. Se sentant appelés à s'humilier sous la main du Seigneur, les réformés du pays de Gex décidèrent en même temps qu'un jeûne extraordinaire serait célébré par les Églises persécutées.

Cependant, à la suite des instances de M. de Ruvigny, appuyées d'un nouveau mémoire publié par les pasteurs du bailliage pour la défense de leurs Églises, les choses semblèrent un moment prendre une tournure plus favorable. Quatre commissaires furent nommés pour la révision du procès. Dès que ces bonnes nouvelles arrivèrent dans le pays de Gex, les pasteurs se hâtèrent de rétablir le culte, dans sept villages, au devant de leurs temples murés; ils continuèrent leurs prédications à Crassier et à la Bâtie, et recommencèrent à célébrer le service divin à Sergy et à Fernex. Sur ces entrefaites, l'époque de la fête de Pâques arriva. Elle fut célébrée avec une ferveur inusitée. Les saintes tables se dressèrent à la porte de ces temples, dans l'enceinte desquels avait tant de fois retenti la voix des ministres de l'Évangile proclamant les miséricordes divines et conviant les chrétiens à renouveler alliance avec le Très-Haut. L'auguste cérémonie, célébrée dans de telles conditions, l'affluence extraordinaire des fidèles, l'aspect sévère de la nature, encore revêtue de la sombre livrée de l'hiver, tout semblait s'unir pour émouvoir les cœurs ; on implora partout avec larmes le salut et la délivrance ; les impressions de cette journée furent vives et profondes.

A Genève, l'émotion causée par la désolation de ces Églises, que tant de liens rattachaient à la ville protestante, n'était pas moindre. Il s'y joignait de vives inquiétudes pour les intérêts de la république et même pour son avenir menacé. Dès le départ de l'intendant, les magistrats entreprirent, auprès de la cour de France, de pressantes négociations pour faire respecter les droits de leur cité et pour détourner en même temps, de leurs voisins du bailliage, le coup dont on les menaçait. Genève fut activement secondée par Zurich dans toutes ces démarches, et les Églises des deux villes célébrèrent, d'un commun accord, un jeûne solennel de supplications et de prières pour leurs infortunés coreligionnaires de Gex. La plus grande prudence ne cessa pourtant pas de présider aux actes des autorités civiles et ecclésiastiques de Genève, afin d'ôter aux ennemis de la république tout prétexte de récrimination contre elle. Ainsi l'on défendit au pasteur de Moins, Gédéon Flournois, d'administrer le baptême et de célébrer les mariages ailleurs que dans sa paroisse ; on lui refusa même de prêcher à d'autres heures qu'aux heures accoutumées ; on pria la dame de

Fernex d'éviter d'appeler des étudiants en théologie pour prêcher dans la chapelle de son château. Cependant on se relâcha, sur certains points, des mesures disciplinaires précédemment adoptées, d'un commun accord, par les deux Églises, et l'on permit aux pasteurs, voisins du pays de Gex, d'admettre à la sainte Cène les fidèles de ces paroisses désolées, ce qu'on avait pas fait jusqu'à ce moment.

La Seigneurie de Genève et les habitants du bailliage eurent cependant un moment de relâche ; pendant quelques semaines, uniquement occupé de la canonisation de François de Sales, l'évêque d'Annecy interrompit ses poursuites. Les protestants s'empressèrent d'en profiter pour interjeter, en date du 21 avril, un nouvel appel au Conseil du roi ; mais cet appel ne fut pas même entendu, puisque le 24 (trois jours après !) sur une autre requête des ecclésiastiques catholiques, le Conseil rendit un arrêt terminant provisoirement l'affaire en confirmant les décisions précédentes. Ce décret portait qu'il serait informé des contraventions faites par les protestants à l'arrêt du 16 janvier et leur interdisait de nouveau la prédication dans tout le bailliage, excepté à Sergy et à Fernex, sous peine de 3000 livres d'amende et de punition corporelle. A la suite de cette mesure, les malheureux réformés durent suspendre les exercices qu'ils avaient déjà recommencés dans plusieurs villages ; cependant ils continuèrent à célébrer leur culte dans les quatre lieux de fief.

La cour de France avait résolu d'en finir à tout prix avec les protestants du bailliage et de consommer *au plus tôt* l'ouvrage commencé. Déjà le confesseur du roi avait intimé de Paris à l'évêque de Genève l'ordre de se rendre immédiatement à la cour ; docile à ces instructions, le prélat partit d'Annecy aussitôt après la canonisation de son prédécesseur, et le lendemain même de la mort de son propre neveu, dont il ne se donna pas le temps d'accomplir les funérailles. Plusieurs ecclésiastiques romains du pays de Gex, notamment Frésier, curé de Meyrin, l'avaient précédé dans la capitale pour lui préparer les voies par la corruption ; ce furent eux sans doute qui réussirent à écarter l'appel des protestants au Conseil royal. Le pape ne se contenta pas d'appuyer le prélat par un bref formel adressé au roi pour lui recommander les intérêts de l'Église ; l'évêque reçut de lui un secours de 500 ducatons (environ 3000 livres), pour les frais de son voyage ; et la duchesse douairière de Savoie, Christine de France, lui fit toucher une somme à peu près égale au moment de son arrivée à Paris.

La république de Genève, de son côté, quoique moins bien soutenue, surtout en ce qui concernait les finances, ne laissa pas le champ entièrement libre à d'Aranthon. La santé de Sarasin, son représentant ordinaire à Paris, ne lui permettant pas de déployer l'activité nécessaire, elle avait déjà député à la cour, dès le mois de décembre de l'année précédente, le syndic Jean Lullin, chargé tout spécialement de combattre les prétentions de l'évêque et de son clergé sur les biens que la république possédait au pays de Gex. Lullin avait déjà obtenu plusieurs audiences ; mais, combattu par le nonce du pape, il n'était pas encore parvenu à faire reconnaître les droits de ses commettants lorsque d'Aranthon arriva. Pour contrebalancer l'influence du nonce, du confesseur du roi, et de la reine-mère, qui travaillaient sans relâche en faveur des prétentions de l'évêque, Lullin se fit appuyer par les cantons évangéliques et par les principales puissances protestantes. Ainsi soutenu, il obtint d'exposer son mandat devant le Conseil des ministres, et une assemblée se tint à cet effet vers la fin de juillet chez l'un d'eux.

Lullin plaida avec tant de chaleur dans cette réunion la cause dont il était chargé, que l'intendant Bouchu, qui était présent, craignant l'effet de son discours, l'interrompit pour exposer la question à sa manière et pour se justifier en quelque sorte de la teinte peu favorable que le plaidoyer de Lullin devait avoir imprimée à ses agissements antérieurs.

Le député gevevois, qui ne connaissait pas son interrupteur, répondit vivement, et l'on fut presque obligé d'intervenir pour empêcher la discussion de s'envenimer. Peut-être est-ce au ressentiment de cette dispute qu'on doit attribuer le caractère de violence et d'animosité qui, depuis ce moment, marqua de son empreinte tous les rapports de l'intendant de Bourgogne avec les réformés du pays de Gex.

Quoi qu'il en soit, après cette assemblée, la cause fut remise entre les mains du maître des requêtes Poncet, désigné pour l'examen des raisons des deux parties, et si peu favorable aux protestants qu'il se donna mille peines pour faire pencher la balance en faveur de l'évêque. Celui-ci, de son côté, ne resta pas oisif, et, pour écarter tout soupçon d'exagération de notre part dans notre exposé de ses démarches, nous terminerons le récit de cette négociation par les lignes suivantes, empruntées à la biographie de ce prélat écrite par un ecclésiastique romain : « Le roi « assigna un jour de Conseil pour juger cette affaire, « qui fut intimée à l'évêque de Genève et à ses par- « ties. L'évêque en alla d'abord donner avis à la « reine-mère, qui fit appeler une partie des juges, « à qui elle recommanda fortement les intérêts de « l'évêque. Mais elle dit à monsieur de Lionne, qui « devait être un des principaux : *Le roi veut juger*

« *ce matin le différend de monsieur l'évêque de* « *Genève. Cette cause regarde uniquement la gloire* « *de Dieu et celle de la religion ; prenez garde comme* « *vous vous y prendrez, car je sais les sentiments de* « *Monsieur mon fils.* »

Fort de la protection de la reine-mère, l'évêque triompha. Il parvint à faire rendre, le 23 août 1662, par le Conseil du roi, l'arrêt définitif que les réformés du pays de Gex appréhendaient depuis si longtemps. Cet arrêt ordonnait la démolition immédiate de tous les temples du bailliage, à l'exception des deux chapelles seigneuriales de Sergy et de Fernex, et interdisait aux habitants réformés de s'assembler ailleurs que dans ces deux localités, « à peine d'être procédé contre eux extraordinairement, comme perturbateurs du repos public. »

Le coup décisif était porté, et l'on prévoit sans peine ce qu'un pareil acte renfermait, pour les protestants du pays de Gex, de persécutions et d'injustices. Les considérants de cet édit n'étaient qu'une reproduction presque littérale des plaidoyers de la partie catholique, et notamment d'un manifeste intitulé : *La vérité de ce qui s'est passé sur le fait de l'exercice de la Religion P. Réformée aux pays de Gex.* Ce manifeste, œuvre de quelques ecclésiastiques du diocèse, résumait en effet, avec art et perfidie, tout ce qu'il y avait de mensonger, et de spécieux en même temps, dans l'argumentation du parti romain. Comme nous n'écrivons pas dans un but polémique, nous ne relèverons pas en détail tous les sophismes de ce pamphlet. Nous nous bornerons à observer que la tactique du clergé catholique consistait en 1662 à enlever aux réformés du bailliage l'appui de ce même édit de Nantes que François de Sales leur avait imposé au commencement du siècle ; ainsi, après leur avoir retiré la protection des lois sous le bénéfice desquelles le pays de Gex avait été incorporé à la France, le parti ultramontain leur arrachait l'édit même dont il s'était servi pour cet effet.

Mais les réponses des protestants furent aussi rendues publiques. Dès l'année précédente, Etienne Duval, avocat à Gex, l'un des anciens du consistoire de cette ville, et, peu après, Osée Gautier, pasteur de Chalex, avaient puisé dans les archives de Genève les documents nécessaires pour la rédaction du mémoire qui dut être présenté au Conseil royal à la fin de mars 1662. Ce fut sur ces matériaux et sur d'autres encore qu'un homme d'un haut mérite, Pierre Loride, seigneur des Galénières (ou des Gallinières), avocat au Conseil d'État et au Conseil privé du roi, rédigea et publia, peu de temps après l'arrêt du 23 août, une consultation juridique intitulée : *État de l'affaire pendante aux Conseils du roi*, *entre les habitants du bailliage de Gex faisant profession de la Religion P. Réformée, et les ecclésiastiques du dit pays.* Ce mémoire est un des documents les plus précis et les plus exacts qu'on puisse consulter pour l'histoire des Églises du pays de Gex. Sa démonstration de l'illégalité de l'arrêt du 23 août, que nous appellerons *l'arrêt fatal*, est irréfragable. Elle se résume dans ce dilemme : Pour agir légalement envers les protestants du pays de Gex, il faut : — ou les replacer au bénéfice des traités sous la garantie desquels il ont été annexés à la France, — ou les laisser sous la protection de l'édit de Nantes.

L'auteur de ce mémoire mérite de n'être pas oublié. Ce fut avec un zèle plein de désintéressement que Pierre Loride consacra son rare talent à servir la cause de ses coreligionnaires persécutés. Il ne déploya pas moins de sollicitude à soutenir les justes droits de la république de Genève et reçut de cette dernière, le 10 janvier 1666, l'offrande d'une médaille, en reconnaissance des services qu'il avait rendus gratuitement à son envoyé Jean Lullin durant son séjour dans la capitale.

Cependant, si la destruction des temples du pays de Gex fut résolue, on n'enleva pas à la république de Genève les biens et les dîmes qu'elle possédait dans le bailliage. Les cantons évangéliques, l'électeur palatin, l'électeur de Brandebourg, le landgrave de Hesse, le roi de Danemark et les États-généraux de Hollande appuyèrent avec force les droits de la république et les démarches de Franconis, nouvellement député par elle pour aider Lullin, qui lui-même était tombé malade à Paris.

Après la publication du mémoire de Loride, un dernier effort fut tenté par les protestants du pays de Gex pour empêcher l'exécution de la sentence qui les frappait; ce fut le recours à l'intercession de leurs anciens maîtres, les seigneurs de Berne. Mais il n'était plus temps; avant que les Bernois eussent pu entreprendre aucune démarche, une ordonnance du gouverneur de la province, en date du 27 septembre, prescrivit la mise à exécution de l'arrêt.

L'évêque, satisfait de sa victoire, laissa pour le représenter à Paris l'abbé de Brisacier et revint dans son diocèse assister à la démolition des temples. L'intendant Bouchu l'y suivit bientôt, escorté d'une troupe de cavaliers, d'archers et de gardes du sel, petite armée capable d'écraser toute résistance. Mais lorsqu'il s'agit de porter la main sur les vingt-trois temples protestants, « *il ne se trouva point de maçons ni de charpentiers dans tout le pays de Gex qui voulussent travailler à cet ouvrage ;* » aveu naïf du biographe de notre évêque, et qui confirme bien ce que nous avons dit plus haut du petit nombre des catholiques dans le pays.

Cette difficulté n'arrêta point l'intendant ; il s'adressa, pour la lever, à d'Aranthon, qui l'attendait à Gex ; celui-ci se hâta de faire arriver dans le bailliage une centaine d'ouvriers du Bugey, ensorte que, dès les derniers jours de novembre, tout se trouva prêt pour la démolition.

On commença par abattre le temple de Gex, remarquable par sa grandeur et par la beauté de son architecture. Le 28 novembre, dès le matin, le bailli ayant publié l'arrêt du Conseil, l'évêque et l'intendant, suivis des hauts dignitaires ecclésiastiques du diocèse et d'un nombreux cortège de moines et de prêtres, s'avancèrent vers l'édifice sacré. Le bâtiment fut aussitôt entouré de gardes et des échelles furent dressées contre les murailles. « Les charpentiers, » dit la relation d'un auteur catholique qui paraît avoir été témoin de cette scène, « les charpentiers furent bientôt sur le toit qu'ils jetèrent à « bas pendant que les trompettes faisaient retentir « l'air de leurs fanfares et les catholiques de leurs « cris de joie..... Le toit étant précipité, on attaqua « les murailles ; les uns les perçaient à coups de « marteaux ; les autres les sapaient ; quelques-uns « avec le bélier les enfonçaient, et tous avec une « fureur incroyable les renversèrent en présence de « M. l'intendant, qui les animait par les louanges « qu'il leur donnait, et par les pièces d'argent qu'il

« distribuait à ceux, non qui faisaient le mieux, « mais qui défaisaient le plus. » L'intendante voulut aussi récompenser elle-même l'ardeur des ouvriers, et ses libéralités envers eux lui valurent plus tard les félicitations de l'évêque.

Les protestants, consternés, contemplaient avec l'accablement du désespoir la chute de leur maison de prière ; les cris et les sanglots qu'ils ne pouvaient retenir étaient la seule expression de leur douleur ; la présence de l'intendant étouffait toute autre plainte. Une vieille femme seule laissa échapper ce cri d'angoisse et d'indignation : « *Éternel, dors-tu ?* » L'intendant voulut la faire punir sur-le-champ ; son épouse, malgré son zèle pour le triomphe de la foi romaine, montra moins de dureté, et *obtint la grâce* de cette femme.

La destruction des autres temples du pays suivit de près la chute de celui de Gex. Du 29 au 30 novembre, on vit tomber ceux de Divonne, Versoix, Grilly, Collex, Cessy, Segny, Sauverny, Pouilly, Chevrier, Pougny, Pregny, et Sacconnex-le-Grand. Ce dernier, dont la ruine fut très sensible aux Genevois, fut démoli le jour de la St-André, et l'évêque, selon la même relation catholique que nous avons citée, donna avec empressement la permission de travailler ce jour-là, disant qu'on ne pouvait plus dignement célébrer la fête de ce grand apôtre.

Le 1er décembre on abattit les temples de Vernier, Meyrin, Thoiry, Crozet et St-Jean ; ceux de Peron, de Farges et de Collonges furent rasés le lendemain. Au bout de cinq jours, les démolisseurs avaient achevé leur œuvre, et, depuis Crassier jusqu'au Fort de l'Écluse, il ne restait plus aux protestants que deux modestes enceintes dans lesquelles ils fussent autorisés à se réunir pour prier encore.

On peut observer que la chapelle de Crassier ne se trouve pas mentionnée dans l'énumération des temples démolis. Il est probable que l'intendant se contenta d'exiger, du seigneur du lieu, auquel elle appartenait, que le culte n'y serait plus célébré. Un autre temple échappa encore à la destruction : ce fut celui de Chalex. Une partie de ce village relevait, nous l'avons dit, de la souveraineté de Genève et faisait partie du mandement de Peney ; il en était ainsi du temple, qui dépendait du fief de Dardagny. Il avait cependant été muré le 17 février ; mais les instances des seigneurs de Genève empêchèrent qu'il ne fût démoli avec les temples du bailliage. Les nobles Colladon et Le Fort, députés auprès de l'intendant, parvinrent, par une protestation solennelle, à faire respecter la propriété du seigneur de Dardagny ; il fallut toutefois accorder qu'on ne prècherait pas dans le temple de Chalex, ce qui rendit cette démarche inutile pour les intérêts religieux des réformés du pays de Gex.

Les nouvelles épreuves des protestants de cette contrée répandirent au loin la tristesse et la consternation. Le Conseil de Genève donna des instructions spéciales à Gédéon Flournois, pasteur de Moins et à Philippe Desprez, pasteur de Chancy, pour le cas où l'autorité française voudrait faire quelque tentative sur les cures qui leur étaient confiées. Par les soins de la Compagnie des pasteurs, qui avait suivi avec un douloureux intérêt le cours de ces événements, l'Église de Genève, d'accord avec celles de la Suisse, célébra, le 4 décembre, un jeûne pour implorer la protection divine sur les fidèles persécutés.

CHAPITRE IV

La destruction des temples du bailliage était l'épreuve la plus douloureuse que les protestants du pays de Gex eussent encore été appelés à supporter; cependant elle fut loin de compromettre aussi gravement l'existence des Églises que l'avaient espéré leurs adversaires. Au milieu de tous les malheurs auxquels les réformés s'étaient trouvés en butte, leurs pasteurs n'avaient cessé de les fortifier, de les consoler, et d'entretenir dans leurs cœurs une confiance chrétienne ; leurs efforts et leurs pieuses exhortations furent loin d'être inutiles, et empêchèrent la plupart des fidèles de céder au découragement.

Le 10 janvier 1663, quelques semaines à peine après la ruine de leurs temples, les pasteurs et les anciens de toutes les paroisses du bailliage se réunissaient à Sergy en consistoire extraordinaire, pour conférer ensemble sur les meilleurs moyens de réorganiser leur constitution ecclésiatique sans violer les prescriptions de l'arrêt du 23 août. Leur première mesure fut de distribuer le bailliage en deux grands arrondissements ou paroisses, de façon à grouper autant que possible toutes les Églises autour des deux lieux d'exercice, Sergy et Fernex. D'après cette division, les anciennes paroisses de *Gex*, *Divonne,* Grilly et Crassier, *Sessy,* Segny et Sauverny, *Collex* et Versoix, *Meyrin,* Vernier, Sacconnex-le-Grand et Pregny, durent, pour nous servir de l'expression des documents originaux, *se recueillir* à Fernex ; celles de *Collonges* et Farges, *Peron* et Chalex, *Thoiry* et St-Jean de Gonville, *Crozet*, Pouilly et Chevry, durent se recueillir à Sergy.

Le nombre des pasteurs avait déjà diminué. Depuis la démolition des temples, trois d'entre eux : Jean-Louis Dupré, pasteur de Divonne, Osée Gautier, pasteur de Chalex, et Samuel Bernard, pasteur de Crozet, s'étaient vus contraints d'abandonner leurs troupeaux auxquels ils ne pouvaient plus donner les secours de leur prédication, et qui s'épuisaient inutilement pour fournir à leur entretien. Les six qui restaient se partagèrent entre les deux nouvelles paroisses de Fernex et de Sergy ; Samuel Rouph devint pasteur en titre de la première, et Jacques Clerc de la seconde. Les quatre autres furent adjoints aux deux premiers : Gabriel Héliot et César Rey pour Fernex, Lazare Armet et Théodore Vautier pour Sergy. Les localités de Fernex, Gex et Divonne, et de Sergy, Peron et Crozet, furent désignées pour les résidences de ces six pasteurs.

Pour déjouer les attaques nouvelles que les Églises pouvaient attendre de la part de leurs implacables adversaires, l'assemblée de Sergy constitua un comité secret et permanent, chargé de prendre en mains la direction de toutes les affaires des réformés du bailliage et la surveillance de leurs intérêts. Ce comité, qui reçut le nom de Conseil des Églises, fut désigné à l'unanimité, séance tenante, et formé de deux pasteurs et de six laïques. Il n'est pas besoin d'insister sur l'opportunité et la haute sagesse de cette résolution. Dans les circonstances critiques où se trouvaient les Églises, les décisions de l'assemblée de Sergy sont, à notre avis, un fait remarquable ; nous y voyons une preuve significative du zèle chrétien, en même temps que de la prévoyance et de l'habileté de ceux qui les décrétèrent.

La nouvelle circonscription des paroisses laissait cependant beaucoup à désirer. On conçoit au premier coup d'œil combien cette division en deux arrondissements était fictive ; il y avait impossibilité matérielle de venir de Collonges à Sergy ou de Crassier à Fernex pour assister au culte public. Aussi les pasteurs du pays de Gex durent-ils accorder à leurs ressortissants éloignés la permission de se joindre habituellement, pour la célébration du culte, aux fidèles des Églises voisines, dépendantes de Genève et de Berne. Malgré cette concession, qui dut se faire tacitement, et dont le succès était bien précaire, à cause des ménagements excessifs que les deux républiques devaient garder envers la France, une foule pieuse affluait chaque dimanche vers les deux temples tolérés. Ceux-ci, élevés probablement à la hâte en 1612, étaient déjà presque ruinés. C'étaient, en tous cas, des édifices petits et mesquins, souvent désignés dans les écrits du temps sous le nom de *méchantes granges*, et tout à fait insuffisants pour contenir la population du bailliage ; aussi les pasteurs étaient-ils obligés de prêcher à la porte de l'édifice pour se faire entendre également des fidèles du dedans et de ceux du dehors.

L'année 1662 n'était pas terminée que déjà les adversaires des protestants du pays de Gex méditaient de compléter leur ouvrage en forçant ces derniers à n'avoir plus que deux pasteurs et deux maîtres d'école. Au premier bruit de cet inique projet, qui partait encore de l'intendant Bouchu, les réformés se hâtèrent d'implorer l'intercession de la Vénérable Compagnie de Genève; cependant l'épreuve qu'ils redoutaient leur fut alors épargnée et le méchant dessein de l'intendant ne reçut que plus tard son exécution.

Mais si la persécution officielle parut un peu se ralentir, le zèle des convertisseurs catholiques dépassa bientôt toute limite. L'évêque Jean d'Aranthon, par l'entremise de son représentant de Paris, l'abbé de Brisacier, aumônier de la reine, excita si bien la dévotion des personnes de la cour, qu'il obtint d'elles un fonds de 30,000 livres, au moyen duquel il organisa une mission dite *Royale*, destinée au pays de Gex. Vingt-quatre de ces missionnaires fanatiques, que l'on employait alors, dans tous les coins de la France, à vexer les protestants, vinrent s'adjoindre aux dix-sept curés du bailliage pour diriger successivement sur tous les points de la contrée leurs efforts et leur activité. Afin d'obtenir des conversions, ils tourmentaient les malades, obsédaient les esprits faibles de terreurs et de menaces ; enfin, et ce fut encore le moyen qui leur réussit le mieux, ils gagnaient par des présents quelques-uns de ces hommes cupides qui ne résistent jamais à la vue de l'argent, ou quelques infortunés, succombant au fardeau de la misère dans laquelle un grand nombre de protestants étaient tombés.

Les pasteurs du pays de Gex, en face de ces attaques, se montrèrent à la hauteur de leur mandat ; ils ne laissèrent pas fouler aux pieds l'héritage du Seigneur, et réduire en esclavage les rachetés de Jésus-Christ ; ils se multiplièrent, en quelque sorte, pour exhorter leurs paroissiens à persévérer dans la liberté évangélique, soutenus activement dans cette tâche par le zèle des Genevois. Réduits eux-mêmes à manquer du nécessaire (car depuis trois ans ils ne recevaient plus de leurs Églises persécutées que des subsides insuffisants pour leur entretien), ils ne laissaient pas que de veiller sur elles avec un dévouement égal à leur abnégation. *Les heures même de la nuit* étaient consacrées par eux aux soins de ce pénible ministère. Ils étaient, il est vrai, consolés de leurs souffrances par l'attachement et la fidélité de leurs troupeaux. Ceux-ci exhalèrent les plaintes que leur arrachaient les vexations dont ils étaient l'objet dans un mémoire intitulé : *État des Églises réformées du Bailliage de Gex.* Le ton de cet écrit est calme et résigné, quoique l'émotion s'y fasse souvent sentir. Mais bientôt de nouvelles persécutions, que nous allons rapporter, inspirèrent aux protestants un factum plus énergique et plus touchant intitulé : *Suite des maux que souffrent les Églises du Bailliage de Gex dans l'exercice de leur religion.*

La mission que dirigeait l'abbé de Brisacier, secondé de plusieurs jésuites, carmes et capucins, fut bientôt appuyée par la présence de l'évêque. Vers le milieu de mai 1663, Jean d'Aranthon arriva à Collonges sous l'Ecluse et son apparition fut le signal d'une foule de petites, mais douloureuses avanies, que les réformés eurent à subir. Les écrits du temps abondent en détails sur ce sujet. On contraint les protestants, par de prétendus ordres du roi, à orner le devant de leurs demeures de tentures et de feuillages au passage des processions. Quelques jours après, sous un vain prétexte, l'abbé de Brisacier se donne le sot et scandaleux plaisir d'entrer dans le temple de Sergy, suivi de plusieurs ecclésiastiques et de quelques hommes à cheval, et d'y interrompre le pasteur dans l'exercice de ses fonctions. Dans toute l'étendue du bailliage, des faits semblables se renouvellent : à Gex, c'est un père de famille malade que les archers viennent arracher de son lit pour le forcer de se rendre à la messe ; à Divonne, les anciens de la paroisse sont poursuivis juridiquement pour avoir donné à une pauvre femme, avec une légère assistance, un témoignage destiné à provoquer en sa faveur les secours de coreligionnaires compatissants. Tantôt ce sont les pasteurs que l'on traîne en justice pour avoir donné à leurs paroissiens affligés ou malades les secours de la religion et les consolations de la prière; tantôt c'est sur les assistants que l'intolérance dirige ses coups. Ici, les jésuites enlèvent l'enfant d'un gentilhomme et le conduisent à Chambéry ; là, les missionnaires persécutent de pauvres femmes pour avoir voulu enseigner aux enfants à lire et à prier Dieu. Aux procédures succèdent d'autres procédures ; à des condamnations iniques, des condamnations plus iniques encore.

Les procès étaient, en effet, un des grands leviers du prosélytisme romain. On suscitait à un homme quelque méchante affaire, rien n'était plus facile; s'il ne se convertissait pas pour se sauver de la ruine, une fois ruiné la misère donnait prise sur lui. Les missionnaires pénétraient dans les maisons des agriculteurs réformés et cherchaient, par des questions captieuses, à tirer d'eux quelque réponse embarrassée, pour l'interpréter ensuite dans le sens d'un changement de religion. Auprès des nobles ils employaient une autre méthode : on leur détachait quelque abbé chargé de les tenter par l'offre d'avantages matériels, d'honneurs ou de dignités, pour les induire à changer de religion, leur donnant à entendre qu'il valait mieux accepter de telles offres en temps opportun plutôt que de céder à une contrainte inévitable, attendu que le roi était résolu « à les y obliger par la force de ses armes, et à prononcer finalement un arrêt d'exil contre les hérétiques, n'en voulant plus souffrir dans ses états ».

Malgré ces efforts du clergé romain, la persécution n'eut cependant pas un bien grand succès. Sur une population d'environ 12,000 âmes, vingt-cinq ou trente malheureux, gagnés par l'argent ou vaincus par le besoin, cédèrent aux sollicitations des missionnaires. Ceux-ci ne craignirent pas d'élever jusqu'à trois mille le chiffre de leurs prosélytes ; évaluation d'une absurdité manifeste, car, — en dépit d'une immigration datant déjà de loin, — il est plus que douteux qu'il y eût alors un pareil nombre de catholiques établis dans le pays. Ils répandirent en outre, contre les réformés, des bruits calomnieux, les accusant de violence à l'égard des catholiques et des convertis. Cette inculpation était pour le moins étrange, si l'on considère la longanimité dont les réformés n'avaient cessé de faire preuve, tandis que le nombre et l'évidence des faits leur permettaient de retourner avec plus de justice cette attaque contre ses auteurs. Ainsi, le curé et le seigneur de Divonne, catholique romain, allaient jusqu'à saisir au collet les habitants protestants pour les contraindre à l'abjuration. « Les mêmes, » dit le mémoire dont nous tirons ces faits, « sont venus à Grilly, assistés « du curé du lieu, pour enlever les matériaux du « temple, que l'on avait mis chez un tiers, ont mal-« traité et battu avec excès ceux qui ont voulu s'y « opposer, et les ont transportés pour être employés « à la réparation de leur église de Sauverny ». Les réformés pouvaient alléguer encore à leurs adversaires la révoltante conduite de Frésier, curé de Meyrin. Le jour de Pâques, ce prêtre fanatique traversant Fernex à cheval, et passant devant la chapelle protestante au moment où le pasteur en sortait, proféra contre lui des menaces de mort accompagnées de « jurements exécrables », tout en dirigeant contre le ministre un pistolet dont il était armé ; il fallut l'intervention de quelques assistants, qui saisirent la bride de son cheval et le détournèrent, pour empêcher le curé d'accomplir son dessein homicide. On peut apprécier, d'après de semblables faits, lequel des deux partis était en droit de reprocher à l'autre des actes d'intimidation et de violence.

Jean d'Aranthon mit bientôt en usage de nouveaux moyens pour affermir son œuvre de prosélytisme dans la contrée. Il établit à Gex les Filles de la Charité, institution dont le principe fondamental ne peut soulever aucune objection, mais qui, selon les époques, ne s'est pas toujours maintenue à l'abri du reproche de partialité et d'intolérance. Pour les réformés du pays de Gex, d'ailleurs, cet établissement, ne l'oublions pas, n'était et ne pouvait être qu'une nouvelle infraction aux droits que leur assuraient les traités. Mais ces traités eux-mêmes, les déplorables scènes de l'année précédente ne les avaient-elles pas anéantis? n'avaient-elles pas détruit jusqu'au légitime espoir que les protestants pouvaient fonder sur l'observation de l'édit de Nantes? Aussi, ces derniers, tout en conservant dans le bailliage une immense majorité, en étaient pourtant réduits à ne plus invoquer en leur faveur que les lois naturelles de la justice et de l'humanité; on ne les écouta pas davantage. Déjà lésés dans leurs moyens d'existence par l'arrêt qui avait accordé aux catholiques un délai de trois ans pour le paiement de leurs dettes, les protestants s'étaient vu charger d'un surcroît d'impôts par une autre décision qui affranchissait leurs adversaires de la moitié de la taille pour la reporter sur les réformés. Ces incroyables mesures furent bientôt complétées par d'autres qui mirent le comble à leur triste situation. L'abbé de Brisacier usa de son crédit à la cour pour les punir du peu de succès qu'il avait obtenu parmi eux, et c'est probablement à son influence que l'on doit deux décrets qui reproduisirent, en leur donnant force de lois, les ordonnances rendues l'année précédente par Bouchu. Nous allons rappeler brièvement leurs principales dispositions.

Un arrêt rendu le 5 juin 1663 renouvela la défense faite aux ministres étrangers, *et de Genève*, de prêcher dans le bailliage; il interdit derechef, aux protestants, de célébrer leurs mariages dans les temps défendus par l'Église; confirmant les ordonnances précédentes relatives aux cimetières, il imposa aux réformés l'obligation *de n'enterrer leurs morts que de nuit ;* il fut interdit aux ministres et aux anciens de juger les cas d'opposition aux mariages, et de prononcer des peines disciplinaires contre ceux qui assistaient au culte romain; on ordonna (ce qui ne pouvait passer, vu la relation numérique des habitants des deux cultes, que pour la plus criante injustice) le partage des biens communaux par moitié et égale portion entre les catholiques et les protestants. On enjoignit à ces derniers d'admettre aux droits de commune les catholiques établis dans le pays et de choisir toujours parmi eux le premier syndic de la ville de Gex. Enfin, à côté de défenses plus ou moins vexatoires tirées des arrêts antérieurs, l'édit du 5 juin en contenait une aussi funeste que possible aux intérêts des réformés, celle qui leur interdisait de tenir école ailleurs qu'à Sergy et à Fernex. La conséquence de cette mesure était évidente : priver les nombreux protestants de la ville et du pays de Gex de la possibilité de faire instruire leurs enfants par des maîtres réformés, c'était les forcer, ou de les livrer à des instituteurs catholiques, ou de les laisser sans instruction ; et, de ces deux alternatives, la dernière n'était peut-être pas la moins favorable aux vues du prosélytisme romain.

Un second arrêt, rendu le même jour, dépouilla les seigneurs hauts justiciers du droit de faire célébrer dans leurs maisons le culte réformé. En outre, les protestants se virent à jamais exclus des offices de la justice, c'est-à-dire des fonctions de juges, de procureurs, de greffiers, de notaires, de châtelains, de sergents, et même de commis des bureaux. « Ce « coup », dit le biographe de d'Aranthon, « ce coup, « qui avait été jusqu'ici sans exemple dans le « royaume, remplit d'étonnement la ville de Genève « et tout le pays de Gex ». On conçoit en effet quelle douloureuse surprise devait exciter parmi ces infortunés et parmi leurs voisins et leurs coreligionnaires un pareil oubli des devoirs de l'équité et de la justice chez un gouvernement qui se disait très chrétien !

Toutefois le biographe de Jean d'Aranthon se trompe : cette surprise n'était déjà plus de l'étonnement ; on connaissait trop à Genève comme dans le pays de Gex les excès du fanatisme pour attendre justice d'un monarque livré à sa dangereuse influence.

Les appréhensions des protestants ne tardèrent pas à se réaliser. Bien qu'ils se fussent hâtés de députer à la cour l'avocat Roch pour intercéder en leur faveur, ils se virent bientôt exposés à de nouvelles vexations de la part de leurs adversaires. Plusieurs nobles savoyards propriétaires de domaines dans le pays de Gex congédièrent leurs fermiers et leurs domestiques réformés, tandis que les réformés qui possédaient des chalets sur le versant opposé du Jura se voyaient contraints de prendre des vachers ou des bergers catholiques. Le deuil et la tombe ne furent pas même respectés chez les protestants. L'arrêt du 5 juin, tout en les obligeant à ensevelir leurs morts d'une manière humiliante, leur imposait, nous l'avons vu, pour l'acquisition de nouveaux cimetières, de lourds sacrifices qu'ils ne purent pas toujours accomplir sans délai ; il en résulta qu'ils furent souvent réduits à se retirer dans des prairies ou dans des lieux écartés pour y rendre à la terre la dépouille mortelle de leurs proches. Les catholiques n'eurent pas honte de leur en faire un crime ; des procès furent intentés à ceux qui s'étaient trouvés dans la douloureuse nécessité d'en agir ainsi, et on les condamna à de grosses amendes.

Après une tournée pastorale dans tous les villages du pays, d'Aranthon avait écrit à Louis XIV pour lui rendre compte des résultats de sa mission et pour l'engager à prendre des mesures en vue d'amener la prompte conversion du bailliage. Soit qu'à la suite d'un examen trop superficiel, il s'imaginât réellement découvrir chez les réformés les sentiments et les dispositions qu'il désirait exister chez eux, soit, plutôt, que les faux rapports des missionnaires l'eussent jeté dans de grandes illusions, il osa affirmer au roi que les protestants de la contrée, ou du moins un grand nombre d'entre eux souhaitaient « avec passion » que le monarque leur commandât « de venir tous à la messe et de professer sa reli-« gion », afin de pouvoir éviter les reproches de leurs parents et se mettre à l'abri des mauvais traitements des Genevois. La conduite constante, soit de Genève, soit des réformés du pays de Gex, avant comme après la mission royale, donne à ces incroyables assertions un démenti trop écrasant pour qu'il soit nécessaire de les réfuter. La vérité est que les ecclésiastiques catholiques, si peu satisfaits qu'ils dussent être intérieurement du résultat de leurs premiers travaux, n'en avaient pas moins publié d'éclatantes relations de la mission qu'ils venaient d'accomplir, enchérissant plus encore sur la qualité que sur le nombre de leurs prosélytes, quoique le nombre lui-même ne fût pas moins exagéré. C'est ainsi qu'il firent grand bruit de la conversion d'un aventurier, nommé Devins, ancien catholique établi à Genève, qui rentra dans le giron de l'Église romaine après avoir abandonné femme et enfants dans la misère, et, prenant le rôle de missionnaire, en vint exercer les fonctions dans le pays de Gex, bravant ouvertement le scandale que sa conduite excitait dans la contrée.

Les jésuites, de leur côté, ne négligeaient aucun moyen pour s'enraciner toujours plus dans le pays. Parmi ces moyens, l'achat des fonds de terre était certainement un des plus efficaces; aussi n'eurent-ils garde de le dédaigner. Mais ils préféraient encore se substituer par d'injustes procédures aux véritables possesseurs ; la lenteur sans bornes et la froide partialité des juges de leur communion les servaient admirablement dans ces usurpations pieuses. Au nombre de ces interminables procès, on peut ranger celui qu'eut à soutenir contre eux Antoine Sève, citoyen genevois, propriétaire de la métairie du Jonc, près du Grand-Sacconnex, et qui finit par demeurer victime de leurs adroites manœuvres. Un autre citoyen de Genève, Léonard Mégevand, hôte du logis de la Croix-Blanche, à Collonges sous l'Ecluse, eut aussi à en souffrir, et diverses tentatives furent faites pour le contraindre, par des motifs intéressés, à embrasser la religion romaine.

Tant de vexations de toute espèce commençaient à lasser la patience des fidèles qu'elles atteignaient, et les premiers symptômes du découragement se manifestèrent déjà au début de l'année 1664. D'entre les moins zélés, quelques-uns peut-être, quoiqu'en fort petit nombre, cédèrent ou feignirent céder aux sollicitations des prêtres catholiques. D'autres, plus fermes, et ceux-ci étaient assez nombreux, se retirèrent à Genève, où les plus indigents furent aidés par les bourses publiques de charité et par la bienfaisance privée; ceux à qui leur état de fortune permettait ce sacrifice se faisaient recevoir bourgeois, et peu à peu plusieurs familles de la terre de Gex s'établirent dans la république.

Exposés à de si violentes attaques, les protestants du bailliage ne pouvaient faire autrement que de chercher, auprès de leurs amis, de la sympathie, des consolations et des secours. Ils s'adressèrent à leurs coreligionnaires du royaume, implorant leurs prières et leur assistance charitable. Mais les Églises du pays de Gex n'étaient pas les seules sous la croix. Si leurs plaintes éveillèrent partout la commisération, elles rencontrèrent, en beaucoup d'endroits, un douloureux écho. A Poitiers, à Metz, à La Rochelle, à Beaune, ailleurs encore, on put opposer, aux craintes qu'elles exprimaient, des inquiétudes et des appréhensions analogues et répondre à l'exposé de leurs malheurs par le récit d'infortunes à peu près semblables. En de telles circonstances, il était impossible que le cri de détresse poussé par les fidèles du pays de Gex leur procurât l'assistance dont ils auraient eu besoin. Cependant, malgré le malheur des temps, les Églises dont les membres pouvaient disposer encore de quelques ressources firent parvenir dans le bailliage de modestes dons. Les témoignages de fraternelle affection qui les accompagnaient en doublèrent le prix pour ceux qui les reçurent.

A Genève et en Suisse, plusieurs manifestations individuelles ou collectives prouvèrent également à ces frères malheureux la vive part que leurs amis prenaient à leurs épreuves et à leurs luttes. Les magistrats et les pasteurs genevois, sans se départir de la ligne de conduite qu'ils s'étaient imposée, n'en témoignèrent pas moins ouvertement la sympathie que leur inspiraient les infortunes de leurs coreligionnaires, et s'unissant de cœur à l'État de l'Église de Berne, ils célébrèrent, le 10 septembre 1663, un jeûne de supplications en leur faveur. Quelques mesures de prudence furent prises encore par eux pour ne laisser prêcher dans les Églises voisines du pays de Gex que des ecclésiastiques instruits, sages et modérés. Dans le pays de Vaud, Bonnard, pasteur à Crassier, sur la frontière du bailliage, travailla avec zèle à prémunir les paroissiens de Divonne contre les séductions des missionnaires romains.

A Zurich, à Berne, à Genève, d'autres amis des Églises en souffrance s'imposèrent la pieuse tâche de veiller, d'un commun accord, sur le sort de leurs frères opprimés. Une correspondance active s'établit à cette occasion entre deux des membres les plus éminents des clergés de Zurich et de Genève, le pasteur Ulrich et le professeur François Turretini. Ce dernier, auquel son voisinage des protestants de Gex facilitait l'occasion de leur être utile, leur rendit de nombreux services, et, dès le mois de juillet 1663, il consentit à devenir dépositaire d'une modique somme recueillie à grand'peine par les soins du Conseil des Églises. Cette somme, que les réformés du bailliage furent heureux de lui confier, constitua un petit fonds de réserve destiné à couvrir les frais des procès qui leur étaient journellement suscités par la méchanceté de leurs adversaires.

Encouragés par la sympathie qu'on leur témoignait, les réformés du pays de Gex se décidèrent à députer secrètement en Suisse l'avocat Duval, l'un des directeurs de leurs Églises, avec la double mission d'engager les États évangéliques à intercéder en leur faveur auprès de la cour de France et de réclamer d'eux quelques secours pécuniaires. Officieusement recommandé par Turretini aux magistrats des cantons réformés, Duval parcourut les contrées du nord de la Suisse et y fit appel à la bienfaisance publique en dépeignant les infortunes de ses compatriotes. Saint-Gall et Schaffhouse entreprirent aussitôt des collectes en faveur des protestants du bailliage; Glaris, Appenzell, Winterthur, et d'autres localités moins importantes imitèrent leur exemple, et les gouvernements des cantons évangéliques, s'associant aux bienfaits de la charité individuelle, firent remettre au professeur Turretini des dons considérables pour les Églises du pays de Gex. Celles-ci reçurent avec la plus vive gratitude ces nouveaux et précieux témoignages d'une affection dont la Suisse réformée leur avait déjà donné tant de preuves, et leurs directeurs s'empressèrent de placer en lieu sûr les sommes qui venaient de leur être envoyées pour en former un fonds destiné à l'entretien du saint ministère.

Les cantons protestants se montrèrent également favorables à la demande d'intervention que leur avaient adressée les réformés du bailliage, et bientôt une circonstance particulière leur fournit l'occasion de tenter cette démarche auprès du roi. Une alliance était alors sur le point de se conclure entre la France et les cantons suisses. La ratification de cette alliance devant se faire solennellement à Paris, le 24 septembre 1663, les cantons évangéliques s'empressèrent de choisir, parmi leurs ambassadeurs, une députation spéciale, chargée d'adresser au roi des représentations en faveur de leurs protégés. A la demande des Églises du bailliage, le départ de cette députation fut même précédé d'une lettre collective, dans laquelle les cantons, se fondant sur les traités qui garantissaient aux protestants du pays de Gex le libre exercice de leur culte, exprimaient au roi le vœu de voir cesser toutes les rigueurs dont leurs coreligionnaires avaient été l'objet.

A son arrivée dans la capitale, cette députation, composée de quinze membres, représentant neuf États confédérés ou alliés, s'adjoignit, en qualité de secrétaire, un citoyen genevois, M. Franconis. La veille du jour fixé pour la solennisation de l'alliance, les députés se rendirent en corps auprès du roi, et lui remirent leur requête. Louis XIV, en la recevant, annonça aux ambassadeurs qu'il chargerait son secrétaire d'État, le marquis de Lyonne, de leur transmettre sa réponse. Celle-ci ne fut point favorable. Après neuf jours d'attente, le secrétaire d'État reçut les ambassadeurs; il évita de traiter le fond de la question; mais, tout en les assurant que Louis XIV prendrait toujours en sérieuse considération les demandes de ses bons alliés les Suisses, il leur donna assez clairement à entendre que le roi n'aimait pas à voir des étrangers s'immiscer dans ses affaires, et profita de la circonstance pour lancer quelques insinuations malveillantes à l'adresse des Genevois qu'il accusait d'être les instigateurs de la démarche des cantons.

Les députés, fort mécontents de la tournure que prenaient les choses, rédigèrent une seconde requête au roi, plus courte et plus précise que la première. Ils exprimaient le vœu que le roi, modérant la rigueur de ses arrêts, consentît au moins à replacer les protestants du pays de Gex sous le régime de l'édit de Nantes et leur accordât l'autorisation de rebâtir quelques temples. Cette démarche n'eut pas plus de succès que la précédente. Les députés, comprenant que le roi était décidé d'avance à ne point se laisser fléchir, reconnurent qu'il était plus sage de ne pas s'exposer à de nouveaux refus.

Les cantons évangéliques ne se laissèrent pourtant pas décourager dans leur entreprise, et, dès le début de l'année suivante, ils écrivirent de nouveau, de la manière la plus pressante, soit au roi, soit au secrétaire d'État, marquis de Lyonne, en faveur des populations protestantes du pays de Gex. Le 29 avril 1664, Louis XIV daigna répondre enfin aux sollicitations réitérées des cantons réformés. Sa lettre, sous le voile de la courtoisie diplomatique usitée en pareil cas, n'était autre qu'une fin de non recevoir. C'était donc un nouvel échec à enregistrer.

Le gouvernement bernois ayant communiqué aux directeurs des Églises la lettre de Louis XIV, ceux-ci lui transmirent en réponse les détails les plus affligeants sur les dangers que couraient encore les protestants du bailliage, en y joignant la prière instante que les cantons voulussent bien entreprendre une nouvelle intercession en leur faveur. Le clergé romain redoublait, dans le pays de Gex, de prétentions et d'arrogance. Après avoir, l'année précédente, dépouillé les réformés de la moitié des terres et des pâturages communaux, il s'efforçait de leur enlever encore la part qui leur avait été laissée. Il faisait appliquer, dans le sens le plus rigoureux, les lois barbares sur les enterrements et sur les cimetières, et des poursuites venaient d'être entreprises contre un pasteur coupable d'avoir assisté à un enterrement fait après le soleil couché, mais avant que la nuit fût entièrement tombée. Les réformés du bailliage recevaient en même temps de fort mauvaises nouvelles touchant les dispositions de la cour à leur égard. Tout, par conséquent, semblait concourir à redoubler leurs alarmes.

Informés de ces événements, les cantons protestants résolurent à l'unanimité de faire tous leurs efforts pour éclairer le roi sur le véritable état des choses. Il fut décidé que le colonel bernois Jean-Jacques de Watteville irait plaider auprès de Louis XIV la cause des opprimés. Ce député partit aussitôt (juin 1664) muni d'instructions circonstanciées, de lettres pour le roi et ses ministres et de tous les documents officiels dont il pouvait avoir besoin pour appuyer ses assertions.

Le colonel apporta, dans l'accomplissement de sa mission, un zèle et une persévérance au-dessus de tout éloge. Mais le parti était pris de ne rien écouter. Après avoir lutté, avec une courageuse obstination, contre l'inflexibilité d'un roi et le mauvais vouloir d'un ministre décidés à repousser toutes les demandes qui leur seraient adressées, J.-J. de Watteville dut repartir, chargé d'une lettre très insignifiante du roi pour les cantons évangéliques. Un insuccès aussi complet était, pour ces derniers, une triste récompense de leur noble et généreuse intercession. Ils ne pouvaient plus, dès lors, conserver aucun espoir que le sort de leurs coreligionnaires fût adouci ; leur fierté, justement blessée de l'accueil dédaigneux fait à leur député, leur défendait, d'ailleurs, toute nouvelle démarche. Aussi, quelques mois plus tard, Berne leur ayant proposé de revenir à la charge auprès de la cour de France, les cantons refusèrent de donner suite à ce projet.

Cependant, vers le milieu de l'année 1665, une ordonnance rendue en confirmation des arrêts antérieurs, qui excluaient les réformés du bailliage de tous les offices de la justice, détermina les États évangéliques à surmonter leurs répugnances et à faire parvenir une dernière fois des représentations au cruel monarque. Le seul résultat de la lettre qu'ils lui adressèrent fut de provoquer, de la part de Louis XIV, un nouveau refus de satisfaire à leurs demandes ; et, à partir de ce moment, les cantons durent renoncer à témoigner leur intérêt aux protestants du pays de Gex autrement que par leurs prières et par leurs dons charitables.

CHAPITRE V

Durant les persécutions dont nous avons jusqu'ici retracé l'histoire, les pasteurs du bailliage n'avaient cessé de s'acquitter avec un zêle infatigable, d'une tâche dont le poids s'accroissait chaque jour. Tous leurs efforts tendaient à relever le courage abattu de leurs paroissiens et à maintenir dans leurs cœurs une filiale confiance envers le Dieu protecteur du faible et de l'opprimé. Leur fidélité devait naturellement attirer sur eux les coups du clergé romain, qui voyait dans leur présence le plus grand obstacle qu'il eût à vaincre pour venir à bout de la conquête du pays. Aussi mit-il bientôt tout en œuvre pour lasser leur patience, en les abreuvant de vexations et de tracasseries sans nombre. Les pasteurs se voient surchargés d'impôts exorbitants et taxés à des sommes qu'ils sont hors d'état de payer. On leur fait un grief de continuer à visiter leurs ressortissants. Prient-ils avec quelques-uns de leurs paroissiens au chevet d'un malade, on les accuse de tenir des assemblées illicites. L'un d'eux, contraint par la rigueur de la saison, baptise un enfant dans un village qu'une distance de plusieurs lieues sépare des temples ; aussitôt il est poursuivi juridiquement pour ce fait, qu'on prétend digne de toute la rigueur des lois.

Ces vexations de détail n'étaient que le prélude d'attaques plus sérieuses. Jusqu'à l'arrêt du 5 juin 1663, les deux pasteurs titulaires de Fernex et de Sergy, Samuel Rouph et Jacques Clerc, avaient été assistés dans leur ministère par leurs collègues Héliot, Rey, Armet et Vautier ; mais l'arrêt dont nous venons de parler interdit à ces quatre derniers pasteurs l'exercice de leurs fonctions. Cette défense, résultat des infatigables sollicitations et des déclamations mensongères de la minorité victorieuse, était censée s'appuyer sur le décret du 23 août 1662, qui, selon les ecclésiastiques catholiques, faisait, de la célébration du culte par ces quatre ministres, une contravention. Cependant, quelque puisse être, selon nous, l'injustice de l'arrêt de 1662, l'interprétation qu'on voulait en donner était plus injuste encore ; car rien dans ce décret ne semble, aux yeux d'un lecteur impartial, autoriser une pareille conclusion. Mais la chicane sut bientôt donner aux agents de la cause catholique des armes dont le fanatisme de la cour assurait pleinement le succès. Pour éviter les difficultés que pouvait susciter la nationalité de Théodore Vautier, qui était Genevois, les Églises durent se priver de ses services et l'autoriser à se retirer dans sa patrie. Il fut décidé que les trois autres *ministres substitués* (nous dirions aujourd'hui : *pasteurs auxiliaires*) étant tous Français, continueraient à exercer leur ministère, malgré les informations juridiques dirigées contre eux par le bailli de Gex. Le Conseil des Églises résolut en même temps d'interjeter appel de l'arrêt qui les frappait.

Mais, ainsi qu'on pouvait s'y attendre, les sollicitations de la faction catholique devaient encore l'emporter auprès du Conseil, et, le 19 septembre 1664, le curé Frésier, implacable ennemi des Églises, réussit à faire trancher la question au préjudice des protestants. Comme les décrets précédents, dont il renouvelait plusieurs dispositions, l'arrêt qui fut alors rendu multipliait abondamment les prohibitions les plus vexatoires. Défense aux ministres de prendre la qualité de pasteurs, et d'« être maîtres d'école » ; défense d'aller assister au culte sur les terres de Berne ou de Genève ; défense aux réformés « de faire cotisations entre eux sans ordre du bailli » ; défense de tenir école ailleurs qu'à Sergy ou à Fernex ; défense de « faire les enterrements que soleil levant ou couchant sans plus grande assemblée que de dix personnes ». L'arrêt ordonnait en outre que les sommes nécessaires au traitement des maîtres d'école (catholiques), à la réparation des églises, et à l'entretien du culte romain seraient prises sur les revenus des biens communaux, pourvu qu'elles n'excédassent pas la moitié de ces revenus. Mais la mesure la plus grave et la plus désastreuse par ses conséquences était la sanction définitive donnée à l'arrêt du 5 juin 1663 en ce qui concernait les pasteurs adjoints. Les deux pasteurs titulaires seuls étaient autorisés à prêcher et à exercer à l'avenir les fonctions pastorales dans le bailliage ; ils n'avaient le droit d'être remplacés que dans des cas de légitime empêchement, et seulement par des ministres nés et domiciliés en France. L'arrêt était couronné par une disposition digne des précédentes : il mettait à la charge des réformés les frais du voyage que Frésier venait de faire à Paris pour solliciter contre eux.

Il eût été inutile de réclamer contre cet arrêt. Cependant, sans se laisser abattre, les Églises résolurent d'user de la dernière ressource qui leur était laissée en conservant dans leur sein, en qualité de ministres suppléants, deux des quatre pasteurs dont on avait voulu les priver. Un consistoire extraordinaire, assemblé à Sergy, et composé de délégués des différentes Églises du bailliage, désigna César Rey et Gabriel Héliot pour remplir ces fonctions. Depuis plusieurs années, ces ministres n'ayant pu, vu la détresse de leurs troupeaux, recevoir aucun traitement, se trouvaient réduits à l'indigence ; ils furent cependant heureux de continuer à partager le sort de leurs anciens paroissiens, et le dévouement avec lequel ils acceptèrent la carrière de luttes et d'abnégation à laquelle on les conviait est, sans contredit, aussi honorable pour eux que pour les Églises qui en furent l'objet.

Cette résolution déjouait entièrement les plans de Frésier et de ses collègues, qui avaient espéré chasser du bailliage tous les pasteurs adjoints. Dans leur irritation, les ecclésiastiques romains saisirent de misérables prétextes pour porter plainte à l'intendant contre les ministres. En conséquence de cette plainte, Bouchu cita, le 4 novembre, César Rey, Gabriel Héliot et Théodore Vautier à comparaître devant lui à Dijon, et lança un décret de prise de corps contre Lazare Armet, qui, n'ayant plus aucune fonction à exercer, venait de se soustraire à la persécution en se retirant à Genève. La coutumace de ce dernier fut cause de la confiscation de ses biens. Un nouveau décret de prise de corps vint frapper, au mois de décembre, Théodore Vautier, qui s'était mis, comme lui, et avant lui, à l'abri des violences de leurs adversaires communs. Les deux pasteurs substitués obéirent à la sommation de l'intendant et comparurent devant lui ; mais les griefs allégués contre eux étaient d'une telle insignifiance, que Bouchu lui-même ne put y trouver matière à condamnation ; il renvoya les deux ministres en leur enjoignant de comparaître à nouveau quand il le jugerait nécessaire.

A peine Héliot et Rey étaient-ils de retour dans le bailliage, que leurs ennemis, pour les punir d'avoir été reconnus innocents, présentèrent à l'intendant de faux rapports sur leur compte, dans le but de les faire surcharger d'impôts. Bouchu, toujours docile à de telles insinuations, donna les mains à cette vile manœuvre. D'après ses ordres, la taille de Gabriel Héliot fut doublée, quoique ce ministre dût déjà payer le quadruple de ce que comportait son bien, et César Rey, qui ne possédait aucune propriété dans le pays, fut cotisé d'office à la somme de 20 livres.

En 1665, la convocation d'un synode provincial dans le bailliage fournit au parti catholique le prétexte de nouvelles vexations. Le synode se réunit à Sergy le 19 août et les jours suivants ; Gabriel Hésliot et César Rey y siégèrent en leur qualité de pasteurs substitués, et le commissaire royal, Jean-François de Bons, gentilhomme protestant, n'y mit aucune opposition. Une scène de désordre, excitée par le clergé romain, ne tarda pas à troubler les délibérations de l'assemblée. Dans le but de vexer les réformés et de faire naître du tumulte, les prêtres, les jésuites et les capucins du pays vinrent prêcher contre les fenêtres de la chapelle de Sergy, pendant que le synode s'y trouvait en séance. Ainsi qu'ils l'espéraient, cette indigne provocation excita une sorte d'émeute, qui servit de prétexte à la police pour mettre plusieurs personnes en état d'arrestation. Deux jeunes gens, entre autres, ayant essayé de délivrer un de leurs coreligionnaires qu'un prêtre venait de faire saisir par les archers, furent saisis eux-mêmes, traînés en prison et condamnés à l'amende et aux dépens.

Les adversaires des réformés, rendus plus arrogants encore par cette petite victoire, et jugeant l'occasion favorable, entreprirent immédiatement une nouvelle attaque. A peine la session du synode fut-elle terminée, qu'ils firent éclater un concert de plaintes ; à les entendre, de graves irrégularités avaient eu lieu dans le sein de cette assemblée, et il était urgent d'en empêcher le retour par une prompte et sévère répression. Malgré les efforts du marquis de Ruvigny, député général des Églises, pour que l'autorité ne prêtât pas l'oreille à ces bruits calomnieux, le clergé obtint, au bout de quelques mois, un arrêt du Conseil royal déférant à Bouchu la connaissance de cette affaire. Bien que l'entrée des assemblées consistoriales n'eût jamais été interdite aux pasteurs substitués, l'intendant se hâta de conclure des informations qui lui furent données que Rey et Héliot avaient siégé au synode sans en avoir le droit ; il entreprit, en conséquence, des poursuites contre eux, et en dirigea également contre le commissaire de Bons, coupable de les avoir admis, et accusé de plus, sur des rapports inexacts, d'avoir laissé assister à l'assemblée un ministre du pays de Vaud.

La décision de Bouchu fut le signal d'une véritable persécution contre les deux pasteurs substitués. Le 24 septembre 1666, la police envahit leurs domiciles à main armée ; les sergents et les archers fouillèrent tout ce qui s'y trouvait, comme ils l'auraient fait chez des criminels ; on plaça leurs biens sous la main de la justice, et les décrets de prise de corps lancés contre eux par Bouchu furent proclamés sur la place publique au son du tambour. Les deux accusés se rendirent à Bourg, où l'intendant les sommait de comparaître ; mais quand ils y arrivèrent, on leur apprit que leur procédure avait été renvoyée au bailli de Gex, et ils durent revenir se constituer prisonniers dans cette ville.

Toute la procédure avait pour but d'établir que les ministres accusés avaient exercé des fonctions pastorales sans y être appelés par quelque légitime empêchement des titulaires. Inutile de dire qu'elle fut dirigée avec la plus incroyable partialité. Ainsi les magistrats n'eurent pas honte d'altérer la déposition d'une pauvre fille d'Ornex, nommée Pernette Brochu, pour lui faire affirmer qu'elle avait vu le ministre Héliot prêcher à Fernex en présence du pasteur Rouph ; puis, comme elle protesta, lorsque cette déposition lui fut relue, que ce n'était point là ce qu'elle avait dit, on la jeta dans une prison, où les intimidations d'un jésuite la contraignirent d'abjurer sa foi.

Durant tout l'hiver de 1666 à 1667, les deux pasteurs accusés, dont l'un était gravement malade, furent promenés de cachots en cachots, et renvoyés, sans cesse, de Dijon à Gex et de Gex à Dijon. Enfin, après leur avoir fait subir quatre incarcérations successives, Bouchu se décida à prononcer leur sentence. Héliot et Rey furent condamnés à quitter le bailliage de Gex, à n'y plus rentrer sous peine de *punition corporelle,* et à payer chacun une amende de cent livres, applicable par moitié à l'hospice et aux écoles catholiques de la ville de Gex. Une amende de 200 livres fut imposée à Jean-François de Bons, impliqué dans le procès, bien qu'il se fût acquitté de ses fonctions de commissaire royal au synode de Sergy sans encourir aucun blâme. Enfin, outre les frais et dépens, auxquels ils étaient solidairement condamnés, Héliot, Rey et de Bons reçurent l'ordre de rembourser au curé Frésier la somme de 300 livres, pour dépens faits par lui pendant la durée du procès. L'ordonnance portait cependant une restriction, assez singulière en soi, mais honorable pour le caractère moral des deux ministres : c'est que ce jugement n'entraînait pour eux aucune perte de biens ni d'honneur. La noble intervention du marchand Lambert, de Dijon, qui avait déjà cautionné une première fois les accusés, à la fin de 1666, et se porta de nouveau leur garant au terme du procès, permit à ceux-ci d'être élargis dès le lendemain du prononcé de la sentence. L'instruction de leur cause et leur captivité préventive avaient duré près de cinq mois.

De nombreux témoignages de sympathie furent aussitôt prodigués aux deux pasteurs, que, durant tout le cours du procès, leurs amis n'avaient cessé d'accompagner de leurs prières et de leurs vœux. Au reste, l'intérêt qu'on prenait à leur sort n'avait pas attendu, pour se manifester, le moment de leur délivrance. L'Église réformée de Paris, par l'organe du célèbre Daillé, leur avait adressé un subside de 50 écus. Celle de Lyon leur était également venue en aide par l'entremise du pasteur Pierre Mussard, qui s'occupa chaleureusement à les secourir. Genève et la Suisse ne restèrent pas en arrière.

Après avoir séjourné quelque temps à Genève, Gabriel Héliot rentra en France et devint pasteur à Beaune. Quant à César Rey, il demeura plusieurs années encore dans la ville du refuge, et y rendit d'importants services à ses anciens collègues du pays de Gex, qu'il assistait de ses conseils. Enfin, en 1671, il fut appelé à desservir l'Église de Couches, dans le colloque de Châlon-sur-Saône ; il se consacra dès lors tout entier à sa nouvelle paroisse, où il exerça son ministère jusqu'à sa mort, qui eut lieu en 1682. Chrétien zélé, pasteur fidèle et vigilant, intrépide défenseur des droits de ses coreligionnaires, César Rey fut, sans contredit, l'un des hommes les plus distingués que les protestants du bailliage aient compté dans leurs rangs. Pendant les plus mauvais jours de la persécution, ce fut, après Dieu, en grande partie à lui que les réformés durent de ne point perdre entièrement courage ; il ne cessa de leur donner l'exemple de la fermeté et de l'énergie, de leur conseiller une résistance légale aux attaques de leurs ennemis, et sut se multiplier pour réparer les brèches des sanctuaires. Son nom, trop peu connu jusqu'ici, mérite d'occuper une place honorable dans les fastes du protestantisme français, et possède certainement de légitimes droits à notre souvenir.

Durant le procès des pasteurs auxiliaires, et pendant les années qui suivirent, le clergé romain continua d'accabler les protestants de vexations qui, pour s'attaquer surtout aux individus, n'en étaient pas moins douloureuses pour ceux qui en étaient les objets. Le curé de Meyrin, en particulier, causait aux Églises des alarmes perpétuelles. Ce prêtre malintentionné, que sa paroisse occupait sans doute assez peu, était toujours prêt à la quitter pour ourdir contre les réformés quelque nouvelle trame ; on le voyait, tantôt à Paris, tantôt à Dijon, toujours abusant de son influence pour accroître les infortunes des protestants du bailliage. L'intimidation était à l'ordre du jour. En 1672, des informations furent dirigées contre plusieurs habitants de la ville de Gex, coupables d'avoir chanté des psaumes dans leurs maisons. Plus d'une fois, les jésuites et les religieuses enlevèrent à leurs parents des enfants de l'un ou de l'autre sexe pour les enfermer dans des couvents. En 1665, Isaac Monard, ancien de Chalex, fut poursuivi criminellement par le bailli de Gex pour avoir assisté à des promesses de mariage, ainsi que sa charge l'y obligeait. Daniel Rouph, ancien de Grilly, et un de ses collègues ayant, l'année suivante, accompagné le pasteur Rey chez quelques malades qu'il allait visiter à Divonne, furent, pour ce délit, condamnés par l'intendant à une amende de 30 livres.

Ces vexations incessantes ne laissaient, dans bien des cas, d'autre alternative aux réformés que l'abjuration ou l'exil. Genève offrait un asile toujours ouvert à ceux qu'une faiblesse bien naturelle portait à céder à l'orage plutôt qu'à lui résister courageusement. Mais le nombre toujours croissant des émigrés du pays de Gex menaça bientôt d'épuiser entièrement les ressources de la *Bourse française*, qui supportait les frais des assistances accordées aux réfugiés, et contraignit à des réclamations les diacres de cet établissement. La Vénérable Compagnie s'efforça, par quelques mesures prises en faveur de la Bourse, de détruire les craintes de ses directeurs, et les secours furent continués.

Tandis que les prêtres et les autorités civiles du pays de Gex procédaient par la contrainte à l'égard des réformés, l'évêque Jean d'Aranthon travaillait à les convertir par d'autres moyens mais avec non moins d'activité. Il entreprit, au mois de mars 1668, une nouvelle mission, qui, s'il faut en croire son biographe, eut auprès des habitants plus de succès que n'en avait eu la mission royale. La pompe des cérémonies romaines, que l'on célébrait dans les places publiques et dans les carrefours, l'éloquence du prélat, qui remplissait avec zèle les devoirs de la prédication, tout devait contribuer à réunir autour de lui, sinon de très nombreux prosélytes, du moins une assez grande affluence de curieux. Le centre de cette mission fut le village de Collonges, où le prélat vint rejoindre ses collaborateurs, après avoir visité toutes les cures de la contrée.

D'Aranthon fit encore, durant les années qui suivirent, plusieurs voyages dans le pays de Gex, s'efforçant toujours de ramener les populations au giron de l'Église romaine. Il établit des écoles catholiques, obtint la fondation du collège de Gex, et récompensa le zèle que Bouchu mit à le seconder par la protection qu'il lui accorda auprès du pape. Enfin, il ne négligea rien de ce que put lui suggérer un dévouement véritable pour la cause qu'il soutenait. Mais s'il réussit à s'attirer l'estime d'une partie de ces réformés dont il opprimait les consciences, nous ne pensons pas, quoi qu'en puissent dire ses apologistes, qu'il fût parvenu à faire dans le pays un assez grand nombre de prosélytes pour changer, d'une manière sensible, la relation numérique existant entre les habitants des deux communions.

Même alors, comme en témoignent les registres du consistoire de Fernex, c'est-à-dire au moment où le protestantisme, immobilisé par une rigoureuse discipline, et combattu par tout ce que le monde pouvait offrir de séductions, semblait ne lutter qu'avec peine contre la puissance de Rome, nous voyons les réformés du pays de Gex recevoir dans leur sein de nouveaux prosélytes, se plier à toutes les exigences d'une situation que leurs adversaires s'efforçaient vainement de rendre intolérable et puiser une vigueur nouvelle dans le sentiment du danger qui les menaçait.

A la suite des excursions missionnaires dont nous venons de parler, l'évêque laissa les protestants du bailliage jouir d'un repos relatif, et son zèle se tourna, pour quelque temps, vers d'autres objets. Il exorcisait alors les glaciers dans la vallée de Chamonix, et, si l'on en croit ses panégyristes, il faisait reculer ces formidables adversaires. Sans parler des occupations que lui donnaient les cérémonies de son Église, il s'attachait à combattre des coutumes fâcheuses pour la moralité publique, et s'efforçait aussi de défendre les droits de l'épiscopat et le principe même de l'autorité catholique contre les tendances jansénistes et quiétistes qui se glissaient au sein de son diocèse. Ces tentatives imparfaites et inavouées en faveur de l'indépendance religieuse rencontrèrent, dans la personne du prélat, un implacable antagoniste.

Mais, à défaut de l'évêque, les agents laïques de l'autorité semblaient prendre à tâche de prouver aux réformés du pays de Gex que la tranquillité n'était pas faite pour eux. Les employés de la gabelle redoublaient de tyrannie dans leurs perquisitions; toute une armée de préposés, portant le nom de *gardes du sel,* était sans cesse à la piste des contraventions réelles ou présumées; et lorsque les habitants de la religion réformée se trouvaient prévenus d'un délit quelconque, les menaces les plus terribles, et, au besoin, les traitements les plus cruels étaient invariablement employés dans le but de les contraindre à l'abjuration. Ces procédés violents ne demeuraient pas bornés aux seuls ressortissants de la France, et les sujets genevois, spécialement ceux des terres de Saint-Victor et du Chapitre, étaient exposés aux mêmes avanies et aux mêmes vexations. Ces faits, qui semblent, à première vue, étrangers à la question religieuse, s'y rattachent pourtant d'une façon fort intime. En effet, quelle que pût être, à cette époque, la rigueur du gouvernement à l'égard des impôts indirects, il est impossible de ne pas voir, dans le désir d'obtenir à tout prix des conversions et de lasser la patience des réformés, le mobile secret de tant de persécutions et de menaces.

Cependant d'Aranthon n'avait mis en oubli ni les intérêts de la religion catholique dans le pays de Gex, ni ses propres prétentions sur les biens d'Église que la république de Genève y possédait. Ce double but lui fit entreprendre au mois de juin 1680 un second voyage à Paris. L'accueil qu'il reçut de toute la cour, et spécialement du roi, dut lui faire espérer encore plus de succès qu'il n'en obtint réellement. Louis XIV lui donna deux commissaires chargés d'examiner ses prétentions, et l'un d'eux était ce même Poncet qui l'avait si bien servi dans l'affaire de la démolition des temples. A cette faveur on joignit des dons en argent, que notre évêque accepta ; mais ce fut, en définitive, tout ce que l'on put faire pour lui. Malgré la bonne volonté du monarque, les droits de la Seigneurie de Genève l'emportèrent, pour cette fois du moins, sur les réclamations du prélat.

L'évêque profita pourtant de sa présence à Paris pour intéresser les dévots de la cour aux fondations de bénéficence et de prosélytisme qui existaient déjà ou qu'il désirait établir dans cette partie de son diocèse. Sans parler d'une pension annuelle de 500 livres en faveur des Ursulines et des Filles de la Charité de Gex, due à la munificence des princes de la maison de Condé, il obtint encore du roi un don de 4000 livres et la fondation d'une maison dite *de la propagation de la foi*, que Louis XIV établit à Gex, et qui ne tarda pas à devenir le dépôt central de tous les enfants du sexe féminin que l'on enlevait à leurs parents réformés.

En face du redoutable ensemble d'attaques, de sollicitations et de menaces par lesquelles on cherchait à les accabler, la plus grande partie des protestants du bailliage surent se montrer fermes dans la profession de leur foi, et déployèrent, pour la défense de leurs Églises, une énergie et une constance vraiment admirables. Dès 1665, de sérieux efforts furent entrepris par eux pour porter remède à la perturbation causée dans leurs Églises par les événements des années précédentes. Une heureuse impulsion fut donnée à cet égard par le synode provincial de Bourgogne, qui, ainsi que nous l'avons indiqué plus haut, se réunit à Sergy le 19 août et les jours suivants. Cette assemblée, à laquelle assistèrent, outre les députés des Églises du colloque de Gex, onze pasteurs et dix anciens des colloques voisins, eut surtout à s'occuper d'intérêts généraux. Elle discuta, mais en le renvoyant à un prochain synode, le projet si souvent abandonné de l'organisation d'un collège pour la province ; elle prit quelques mesures dans le but d'assurer la conservation des papiers qui concernaient l'ensemble des Églises, et qui étaient confiés à la garde du consistoire de Sergy. En outre, chaque Église fut exhortée à faire connaître par des mémoires les événements les plus notables qui se passeraient dans son sein, et à les transmettre à celle de Lyon, chargée du soin de les conserver. Toutes les Églises reçurent aussi l'injonction de tenir un inventaire exact de leurs propres archives.

Quelques-unes des décisions du synode furent plus spécialement relatives aux Églises du bailliage. Outre les jeunes gens auxquels une fortune indépendante permettait de se vouer à l'étude de la théologie, un proposant était constamment entretenu par la province de Bourgogne dans l'une des académies du royaume ; l'assemblée disposa de cette bourse en faveur de Pierre Roch, de Gex, qui succéda plus tard à Samuel Rouph dans la chaire de Fernex. Le synode nomma encore une commission chargée de l'examen et du règlement des comptes de celles des Églises du bailliage que les derniers événements avaient subitement privées de leurs pasteurs. Enfin, tout en exhortant les troupeaux à payer à leurs conducteurs spirituels la pension qui leur était due et les arrérages considérables qui s'étaient accumulés, il engagea les ministres à user de patience, à se contenter du plus strict nécessaire, et à remplir, avec plus de zèle encore que par le passé, leurs fonctions pastorales dans les nombreuses paroisses dont le soin leur était confié.

Ces mesures pleines de sagesse contribuèrent à faire régner, malgré le malheur des temps, l'ordre et la régularité dans l'administration des affaires ecclésiastiques. Les archives du Conseil des Églises furent, par mesure de prudence, transportées à Genève, et le pasteur César Rey, investi de la confiance du Conseil, fut chargé des affaires courantes. Dans son exil, Rey se constitua le gardien des papiers des Églises, et les soins vigilants et consciencieux qu'il prit pour assurer leur conservation ne demeurèrent pas inutiles. Grâce à lui, un certain nombre de lettres, adressées aux pasteurs et aux anciens du bailliage, ont échappé à la destruction, et sont aujourd'hui déposées aux archives de Genève.

La violence et la durée de la persécution avaient forcé les membres des Églises d'enfreindre sur beaucoup de points les prescriptions de la discipline ecclésiastique; depuis 1665, on prit la résolution de s'y conformer à l'avenir le plus scrupuleusement possible. Des anciens furent nommés dans chacune des localités où il en manquait, et l'on dressa une liste générale de ces fonctionnaires. Quatre anciens *de chaque vieux ministère,* c'est-à-dire de chacune des anciennes paroisses, furent tenus de se rendre à Fernex les jours de service divin pour assister à la séance du consistoire qui suivrait le culte. On leur enjoignit de veiller à ce que les enfants et les domestiques fréquentassent les sermons et les catéchismes, de visiter les cabarets à l'heure de la prédication pour engager les personnes qu'ils y trouveraient à se rendre au temple, de faire soigneusement « rapport sur les jeux de cartes, danses et autres désordres ». Selon toute apparence, des résolutions analogues furent adoptées par le consistoire de Sergy. L'usage des *marreaux,* ou médailles de communion, précédemment en vigueur dans le bailliage, fut rétabli, et l'on interdit aux fidèles d'aller participer aux sacrements hors de l'État.

Conformément aux recommandations des synodes de la province, le Conseil des Églises décida, en 1667, de faire rédiger un exposé historique des épreuves et des persécutions auxquelles les Églises du bailliage s'étaient trouvées en butte pendant les années précédentes. L'exécution de ce travail fut confiée au pasteur Rey, qui était tout particulièrement qualifié pour l'entreprendre. C'est probablement à la plume du même pasteur qu'il faut attribuer une brochure anonyme, publiée en 1667, sous le titre : *État des Églises réformées du bailliage de Gex,* et destinée à faire connaître au dehors la triste situation des protestants de la contrée.

C'était, en effet, du dehors seulement que les Églises opprimées pouvaient attendre protection et assistance. Plus d'une fois, des dons spontanés vinrent leur prouver que leur douloureuse position n'était pas oubliée. Ainsi les protestants de Hesse-Cassel chargèrent, en 1665, le pasteur Ulrich de leur faire parvenir une somme de 800 écus, nouveau témoignage d'intérêt que les réformés du pays de Gex reçurent avec une émotion profonde et une vive gratitude. Cependant, spontanés ou non, les dons reçus par les Églises, quelque abondants qu'ils fussent, n'étaient jamais proportionnés à l'étendue de leurs besoins. Sans rappeler ici les procès continuels que les réformés avaient à soutenir, il leur fallait défrayer les députés qui les représentaient aux synodes, contribuer pour l'académie et pour l'entretien d'un proposant, assister leurs pauvres, dont on cherchait constamment à exploiter la misère pour les entraîner au catholicisme ; il leur fallait enfin pourvoir au traitement de leurs maîtres d'école et de leurs pasteurs.

Cette dernière obligation fut, on le comprend, l'une de celles dont les Églises s'acquittèrent avec le moins de régularité. Dès longtemps habitués aux privations, les pasteurs connaissaient trop bien l'indigence de leurs troupeaux pour vouloir la porter à son comble en exigeant tout ce qui leur était légitimement dû ; et si, bien des fois, il est vrai, la détresse à laquelle ils se trouvaient réduits eux-mêmes les contraignit de réclamer d'une manière pressante leur modique salaire, ces dignes ministres de Christ n'en surent pas moins vivre de sacrifices, donnèrent l'exemple du plus noble désintéressement, et, pendant plusieurs années, ne reçurent d'autre récompense de leurs travaux que l'approbation de leur conscience et l'affection de leurs paroissiens. En 1667, au moment de leur départ pour l'exil, les deux pasteurs chassés par Bouchu n'avaient point touché de traitement depuis le milieu de l'année 1662 ; et, après leur bannissement, un temps assez long s'écoula encore avant que les Églises fussent en état de reconnaître, par une modeste rétribution, les services qu'ils leur avaient rendus.

Malgré les luttes et les difficultés endurées par les pasteurs du bailliage, les Églises eurent la joie de voir surgir du milieu d'elles de nouveaux ministres de l'Évangile prêts à recueillir l'héritage de dévouement que devaient leur laisser ceux qui les avaient précédés dans la carrière. Deux enfants du pays, Pierre et Louis Roch, avaient formé le projet de vouer leurs talents et leurs forces au service de leurs frères. Vers le milieu de l'année 1667, ils furent consacrés à Lyon par le pasteur Pierre Mussard et se mirent aussitôt à l'œuvre dans le bailliage, en qualité de *pasteurs substitués*. Le ministère de Pierre Roch fut spécialement affecté à l'Église de Fernex, et celui de son collègue à l'Église de Sergy. Mais, vers la fin de l'année, Jacques Clerc, pasteur de cette dernière paroisse, étant mort à la suite d'une longue maladie, Louis Roch lui succéda comme pasteur en office des Églises qui se recueillaient à Sergy. Le poste de ministre substitué dans cette dernière paroisse demeura dès lors vacant, et malgré tous les efforts du Conseil des Églises, il ne fut pas possible d'arriver à le repourvoir.

En résumé, dans l'espace de quelques années, et malgré les attaques incessantes de leurs adversaires, les protestants du pays de Gex avaient, grâce au secours d'En-haut, réparé une grande partie des maux causés par la persécution. Ils avaient réorganisé leur constitution ecclésiastique, remis en vigueur la discipline, resserré leur union avec les autres Églises ; leur situation était devenue un peu moins précaire ; trois pasteurs, enfin, restaient à leur tête, et les efforts de ces conducteurs dévoués allaient, pour quelque temps encore, maintenir dans la contrée le flambeau de la réforme.

Une autre entreprise, qui se rattachait aussi au plan de restauration poursuivi par les chefs des Églises, préoccupait vivement, à la même époque, les réformés du bailliage; c'était la construction de deux temples, à Sergy et à Fernex. Depuis la démolition des autres lieux d'assemblée, toute la population protestante était obligée de se réunir dans les chapelles de ces deux localités; et, bien que la distance ne permît pas à la majeure partie des fidèles de profiter d'une concession aussi illusoire, le nombre des habitants des villages voisins qui affluaient chaque dimanche à Sergy et à Fernex était trop considérable, et les anciens locaux trop petits pour que le service divin pût s'y célébrer avec ordre et bienséance. Quoique mal observé, l'arrêt du 19 septembre 1664, qui interdisait aux protestants du bailliage la fréquentation des Églises de Berne et de Genève, leur avait fait sentir d'une manière plus pressante encore la nécessité de porter remède à cet état de choses. Aussi, dès l'année suivante, les réformés, dont tous les efforts antérieurs pour obtenir la concession de quelques nouveaux lieux de culte étaient demeurés infructueux, formèrent-ils le projet de remplacer par des édifices d'une grandeur convenable les petites chapelles dans lesquelles ils se réunissaient. L'avocat Loride et le marquis de Ruvigny furent chargés par les directeurs des Églises de faire auprès du Conseil royal les démarches nécessaires pour en obtenir l'autorisation.

Comme le faisait observer Loride au pasteur Rey, une semblable mission était moins facile à remplir qu'elle ne pouvait le paraître au premier abord. L'avocat dévoué des Églises n'ignorait pas, en effet, le mauvais vouloir que les demandes les plus légitimes des protestants rencontraient d'ordinaire auprès des hommes au pouvoir. Ses prévisions se réalisèrent jusqu'à un certain point, et, pendant plusieurs mois, le gouvernement, qui n'avait, au fond, aucun intérêt à repousser la modeste requête des réformés de Gex, mit leur patience à l'épreuve en refusant de répondre à leur demande. Les sollicitations persévérantes et réitérées des mandataires des Églises, soit auprès du secrétaire d'État de la Vrillière, soit auprès de Bouchu, triomphèrent enfin des dispositions peu bienveillantes des ces hauts fonctionnaires, et, le 12 décembre 1665, un arrêt royal, accordant l'autorisation demandée, fit cesser les inquiétudes des réformés du bailliage sur l'issue de cette affaire. Toutefois, en leur annonçant cette bonne nouvelle, Ruvigny les engagea à profiter sans retard de la permission qui leur était donnée, de peur qu'un changement dans les dispositions du pouvoir ne vînt à la faire retirer, ou que de nouvelles vexations ne la rendissent inutile.

L'obligation de mettre immédiatement la main à l'œuvre pour la construction des deux temples plaçait les Églises dans une position très embarrassante, les ressources fort modestes dont elles pouvaient disposer étant absorbées d'avance par les nécessités de chaque jour. Il leur fallut avoir recours à la générosité des princes protestants et des Églises de divers pays. Ce fut l'objet de deux voyages de collecte, entrepris successivement par le pasteur César Rey, l'un en 1666, avant son exil, l'autre en 1668, depuis sa retraite à Genève. Partout le représentant des Églises opprimées rencontra un bienveillant accueil. Les fonds provenant de la première collecte avaient fait espérer aux protestants du pays de Gex de pouvoir mettre sans retard leur projet à exécution. En février 1666, le bailli de Gex s'était rendu à Sergy et à Fernex pour désigner les emplacements où s'élèveraient les temples ; le Conseil des Églises avait nommé des commissaires chargés de surveiller l'ouvrage ; les habitants de chaque paroisse avaient été exhortés à fournir les matériaux nécessaires. Le procès des ministres substitués, en absorbant une partie des fonds destinés à l'œuvre, vint arrêter les travaux. Le nouvel appel que les réformés du bailliage se virent obligés d'adresser, deux ans plus tard, à leurs frères, ne fut pas moins bien accueilli que ne l'avait été le précédent. La

Hollande se distingua par sa générosité. Comme la cour de France avait poussé l'inhumanité jusqu'à défendre aux réformés de créer aucune fondation destinée à assurer l'avenir de leurs Églises, les protestants du bailliage durent, comme précédemment, placer à l'étranger les sommes qu'ils avaient pu recueillir, soit pour l'entretien du ministère, soit pour l'érection de leurs temples. Une partie de ces fonds, représentant une valeur d'environ 10,000 livres, fut placée, le 24 août 1670, par lettre de rente, sur une montagne du pays de Vaud, située au-dessus d'Arzier, dans le bailliage de Nyon, et l'hypothèque fut prise sous le nom d'un Vaudois, Etienne Hugonin, assesseur baillival à Vevey.

Ce fut seulement dans cette même année 1670, que les Églises, grâce aux secours qu'elles avaient obtenus, et à l'autorisation que leur accorda le roi de s'imposer 4000 livres de contributions extraordinaires, purent disposer de tout l'argent dont elles avaient besoin pour la construction de leurs temples, et jeter les bases de ces édifices. Mais à peine les travaux étaient-ils commencés que les curés du bailliage firent signifier aux pasteurs de Sergy et de Fernex défense de les continuer. Enfin, après mainte difficulté, les réformés parvinrent à triompher de cette malveillante opposition. Les travaux purent être repris dans le courant de l'année suivante, et furent dès lors poursuivis activement. On employa, pour achever la construction, les matériaux des deux anciennes chapelles, qui furent démolies en 1675; c'est donc à cette époque, pour le plus tôt, que l'on peut fixer l'ouverture des nouveaux édifices.

Aucun détail ne nous a été conservé sur l'inauguration des deux temples; nous ne connaissons pas même la date précise de cette double cérémonie. Ce dut être cependant une journée bien solennelle et bien émouvante que celle où, après treize ans de sacrifices et de luttes, les protestants du bailliage consacrèrent leurs nouvelles maisons de prière au service du Seigneur. Monuments de la charité de leurs frères en même temps que des compassions de l'Eternel, ces enceintes, dans lesquelles un grand nombre d'entre eux avaient enfin la joie de se réunir pour rendre à Dieu le culte d'esprit et de vérité, offraient aux réformés d'amples sujets de reconnaissance. Toutefois la vue de ces édifices réveillait aussi des sentiments d'un autre genre, et, sans doute, comme les vieillards de Jérusalem au retour de la captivité, une grande partie des fidèles, évoquant la mémoire des jours où, dans chacun de leurs villages, s'élevait un temple à la gloire du Très-Haut, avaient peine à retenir leurs larmes; mais beaucoup d'autres faisaient éclater hautement leur joie, en sorte qu'on ne pouvait point distinguer les cris de joie d'avec les pleurs. (Esdras III, 12, 13.)

L'ouverture des nouveaux temples effaçait bien des souvenirs amers; elle semblait être l'aurore de jours plus heureux, et les protestants du pays de Gex purent un instant se croire au terme de leurs longues souffrances. Mais le Seigneur en avait décidé autrement; de nouveaux malheurs ne devaient pas tarder à fondre sur les Églises, et l'heure qui allait donner le signal de leur ruine était près de sonner.

CHAPITRE VI

Nous ne possédons que peu de données sur l'histoire des Églises du bailliage pendant les années qui précédèrent immédiatement la révocation de l'édit de Nantes. On peut admettre que les adversaires des protestants, lassés par la constance de ces derniers, avaient, pour un temps, ralenti leurs attaques. Une génération nouvelle, élevée dans des conditions moins favorables que les précédentes, commençait à paraître, et les hommes qui, pendant longtemps, avaient résisté, avec le plus d'énergie, aux agressions du parti catholique, descendaient successivement dans la tombe.

Le temps était venu, d'ailleurs, où les persécutions purement locales allaient s'effacer en présence des vastes projets de Louis XIV pour l'extirpation de la réforme dans toute l'étendue de son royaume. Les lois tyranniques du monarque s'appesantissaient à peu près indistinctement sur tous ses sujets protestants ; chaque jour paraissaient de nouveaux arrêts dirigés contre eux et destinés, dans l'esprit du roi, à préparer la révocation de l'édit de Nantes ; les temples étaient démolis sous les plus futiles prétextes ; les dragons travaillaient, à leur manière, à la conversion des provinces du midi ; et, malgré les édits, un grand nombre de protestants avaient déjà réussi à quitter la France.

Le ralentissement des hostilités contre les réformés du pays de Gex n'était, en de telles circonstances, que le calme précurseur de la tempête. Les partisans de Rome attendaient, avec une impatience mal contenue, le moment de frapper le grand coup par la suppression du culte protestant dans le bailliage. Plus d'une fois, d'ailleurs, ils laissèrent percer, d'une manière non équivoque, les dispositions qui les animaient. En 1681, nous voyons le bailli de Gex émettre la prétention d'obliger le pasteur

Rouph et les syndics protestants de Fernex d'indiquer les auteurs d'un vol qu'on disait avoir été commis dans l'église catholique de cette localité, « à défaut de quoi, ils seraient déclarés coupables. » Cette indignité donne la mesure de l'esprit qui dirigeait alors les autorités subalternes, attentives à suivre l'exemple des Le Tellier et des Louvois.

En 1682, Louis XIV, semblant un instant se radoucir, autorisa les Églises de Bourgogne à tenir un synode provincial à Fernex. Mais cette concession inespérée n'était qu'un leurre ; huit jours avant le moment fixé pour la réunion, les réformés du bailliage, qui avaient déjà fait leurs préparatifs pour la réception des députés étrangers, apprirent, par un courrier extraordinaire, que le roi, *pour le bien de ses affaires*, avait jugé convenable de transférer le synode à Is-sur-Tille, près Dijon, c'est-à-dire à l'autre extrémité de la province. Ce n'était pas la première fois que les protestants du pays de Gex se trouvaient victimes d'une vexation semblable. Déjà, en 1675, le roi avait empêché la tenue d'un synode à Sergy, par le motif que ce village était trop rapproché de Genève.

Tandis que les ennemis des Églises ourdissaient contre elles les trames auxquelles elles devaient bientôt succomber, ils suscitaient en même temps de graves difficultés à la république genevoise.

En 1682, d'Aranthon fonda une cure à Pregny, petit village situé sur l'extrême frontière, et où ne se trouvait aucun catholique. Il pourvut de ce bénéfice le curé de Meyrin, l'adversaire juré des protestants ; ce choix était significatif. L'évêque ne s'en tint pas là, et chercha bientôt à mettre aussi Frésier en possession de la cure de Moins. Ce dernier village, protestant et de la souveraineté de Genève, faisait partie des anciennes terres de St-Victor ; sous ce prétexte, le clergé romain avait formé le projet d'y rétablir le catholicisme, et, depuis longtemps, il marchait à ce but avec sa persévérance et son adresse accoutumées. Au mois d'avril 1682, d'Aranthon se rendit à Moins, armé d'un arrêt de l'intendant qui confirmait provisoirement ses prétentions et accompagné d'une suite assez imposante d'ecclésiastiques et de séculiers. Jean Sarasin, pasteur de la paroisse, se conformant à la ligne de conduite que les Conseils lui avaient sans doute tracée comme à ses prédécesseurs, tint le temple fermé, et du presbytère, où il s'était retiré et qu'il avait fermé également, répondit aux émissaires de l'évêque en refusant de livrer la clef de l'édifice sacré sans un ordre de la seigneurie. Le curé de Meyrin lui-même vit ses flatteries et ses sollicitations insidieuses échouer devant la résolution du ministre, et Jean d'Aranthon ne croyant pas sans doute devoir se compromettre vis-à-vis des Genevois, se retira comme il était venu.

Au mois de juillet, ces tentatives se renouvelèrent. Cette fois, comme l'arrêt rendu par les autorités françaises permettait aux agents épiscopaux de faire effraction en cas de résistance, le pasteur Sarasin crut devoir réclamer, auprès du premier syndic Fabri, des secours ou de nouvelles directions. Le Conseil envoya aussitôt à Moins Jacques de Harsu et Lullin, châtelain de Chapitre; leurs instructions leur enjoignaient de résister sans violence, de céder à la force, s'il y avait lieu, et de protester en bonne forme contre toute infraction aux droits de la seigneurie. En même temps, les Conseils écrivirent aux cantons évangéliques pour réclamer leur appui auprès de la cour de France. Berne et Zurich s'empressèrent d'accéder à cette demande; cependant le coup ne suivit pas la menace d'aussi près que l'on s'y était attendu.

Deux ans plus tard, de nouvelles menées réveillèrent les appréhensions du gouvernement genevois. Les jésuites du pays de Gex entreprirent ouvertement une œuvre de propagande à Moins; mais leurs efforts ne purent déterminer plus de deux familles à embrasser la religion romaine. A cette occasion, l'un des convertisseurs, nommé Ménard, se rendit auprès du pasteur Sarasin, et lui défendit, avec menaces, de laisser rentrer dans le temple ceux de ses paroissiens qui venaient d'abjurer le protestantisme. Peu après, Jean Sarasin, dans une lettre datée du 7 octobre 1684, et adressée au premier syndic de la Maisonneuve, informa ce magistrat du bruit qui s'était répandu que l'intendant devait envoyer le lendemain à Moins une personne chargée de prendre possession du temple. Le jour même, il reçut, en réponse, des instructions semblables à celles qui avaient été données à de Harsu et à Lullin. Mais bien que l'évêque et l'intendant se trouvassent l'un et l'autre dans le bailliage, cette fois encore la menace fut vaine, et la république ne perdit le temple de Moins que cinq mois plus tard, au moment de la ruine des Églises de Sergy et de Fernex.

La démolition des temples du pays de Gex, en 1662, avait précédé la plupart des persécutions locales que les réformés français eurent à endurer pendant la première moitié du règne de Louis XIV; le décret qui supprimait le culte évangélique dans le bailliage devança de même la fatale année 1685 et toutes les calamités que la révocation de l'édit de Nantes allait entraîner pour la France. Il est à croire que Jean d'Aranthon fut l'instigateur de la mesure dont nous venons de parler: en tout cas, s'il n'eut pas le courage déplorable de la solliciter directement, elle n'en fut pas moins la réalisation du rêve de toute sa vie. Favorablement accueillie aussitôt que présentée, la requête de l'évêque ou de ses amis ne tarda pas à recevoir la sanction du Conseil royal ; et, le 18 décembre 1684, un arrêt de ce corps interdit l'exercice du culte réformé dans toute l'étendue du bailliage de Gex. Nicolas de Harlay, qui venait de succéder à Bouchu en qualité d'intendant de Bourgogne, fut chargé de faire démolir les deux temples de Sergy et de Fernex ; il reçut également l'ordre de mettre l'évêque en possession de celui de Moins.

Il est facile de concevoir la consternation et la douleur qui accueillirent dans le pays de Gex ces fatales nouvelles. Depuis longtemps déjà, les réformés, pressentant les malheurs qui se préparaient pour eux, interrogeaient l'avenir avec anxiété ; en apprenant la décision du Conseil royal, ils comprirent que l'arrêt de mort de leurs Églises était irrévocable, courbèrent la tête sous la terrible épreuve que le Seigneur leur dispensait, et ils ne paraissent avoir tenté aucune démarche pour en prévenir l'accomplissement.

Vers la fin de mars 1685, l'intendant de Harlay, escorté de détachements d'infanterie et de cavalerie, parut dans le bailliage pour procéder à l'exécution des ordres qu'il avait reçus. D'Aranthon, heureux de sa victoire, ne tarda pas à venir le rejoindre. Vingt-trois ans auparavant, il avait inauguré son épiscopat en assistant à la démolition des temples renversés par l'intendant Bouchu; la nouvelle scène de destruction qui se préparait dans le bailliage était pour lui le digne complément de la première, et il ne voulait céder à personne l'honneur d'y présider. L'arrêt du Conseil royal fut publié dans le pays de Gex le mardi 27 mars; le lendemain, le temple de Sergy tomba sous le marteau des démolisseurs, et, le jour suivant, celui de Fernex éprouva le même sort. Dix ans ne s'étaient pas encore écoulés depuis le moment où ces sanctuaires, élevés au prix de tant de sacrifices, avaient été livrés au culte public.

Le triomphe de d'Aranthon était complet. Avec les temples de Sergy et de Fernex venaient de tomber les derniers appuis extérieurs de la foi réformée dans le pays de Gex, et le secret de leurs consciences était désormais le seul asile que les fidèles pussent conserver à leurs plus chères convictions. Sevrés à la fois de la prédication de la divine parole et des précieuses ressources de l'édification mutuelle, les protestants ne pouvaient plus subsister comme Église, et leurs adversaires ne devaient plus rencontrer chez eux que des résistances individuelles et isolées. L'évêque le comprit, et put, avec assez de vraisemblance, proclamer le retour définitif du pays de Gex à la grande unité romaine.

Après avoir assisté à la démolition du temple de Fernex, l'intendant, précédé d'une troupe de maçons et de quelques chariots de sable et de chaux, se rendit le même jour à Moins, pour y faire murer la porte du temple de ce village. Le Conseil de Genève, averti de ses intentions, avait député sur les lieux l'ancien syndic de Normandie et le châtelain Sales, pour protester contre toute atteinte aux droits de la république; mais l'intendant ne tint aucun compte des réclamations de ces magistrats, et fit murer le temple en leur présence.

Dès le lendemain, le gouvernement genevois députa à M. de Harlay deux de ses membres pour lui faire des représentations sur sa conduite et pour chercher à obtenir que le temple fût rouvert; mais l'intendant fut inflexible, et tout ce qu'il daigna accorder aux députés fut le maintien du *statu quo* à l'égard de Russin. En effet, bien que ce village, de même que celui de Moins, fût situé sur les terres de St-Victor, où la république avait seule jusqu'alors possédé le pouvoir ecclésiastique et séculier, le magistrat français se prétendait aussi en droit d'y interdire l'exercice du culte protestant.

Genève résolut alors de s'adresser à Louis XIV lui-même et de lui demander la restitution du temple dont il venait de la priver. Le syndic de la Rive partit, à cet effet, pour Versailles, et Berne appuya ses réclamations de la manière la plus pressante; mais les efforts des deux républiques n'aboutirent à aucun résultat.

Au bout de quelques mois, un arrêt du Conseil royal donna une approbation officielle à la conduite de l'intendant, et non seulement autorisa l'établissement d'un curé à Moins, mais encore, par un nouvel empiètement peu digne d'une puissance comme la France et d'un monarque comme Louis XIV, décréta qu'il en serait aussi placé un à Russin. A la nouvelle de cette double décision, Frésier, dont l'âge n'avait point calmé le caractère impétueux, n'eut pas la patience d'attendre la publication de l'arrêt qui lui accordait un nouveau bénéfice, et, un jour, en l'absence du pasteur de Moins, il conçut le projet de s'emparer de son presbytère à main armée. Il s'y introduisit effectivement par la fenêtre, à l'aide d'une échelle, accompagné du jésuite Ménard et de quelques archers; toutefois, sur les plaintes du Conseil de Genève, l'intendant reconnut que ce procédé dépassait les bornes des convenances, et Frésier dut quitter le presbytère jusqu'à ce qu'il eût obtenu l'autorisation d'y faire son entrée d'une manière plus décente. D'Aranthon vint l'y installer le 18 octobre 1685.

9

La prise de possession de la cure de Moins ne tarda pas à être suivie du rétablissement du culte catholique à Russin. L'abbé Fremin, Genevois converti au catholicisme, fut placé à la tête de cette paroisse, ou plutôt de cette fraction de paroisse ; car il est à remarquer que, dans le village de Russin, huit maisons seulement sur trente-sept faisaient partie du territoire contesté de St-Victor, tandis que les vingt-neuf autres relevaient du mandement de Peney, propriété incontestable et incontestée de la république. Le temple étant aussi construit sur le territoire réclamé par la France, fut livré au nouveau curé, et Genève dut céder à ce prêtre le tiers de la dîme, qui avait appartenu jadis au prieur de St-Victor. Quant au culte protestant, on le transporta dans une maison située vis-à-vis du temple, et dans laquelle il fut célébré pendant plus d'un siècle. La république conserva cependant ses droits de juridiction sur les habitants de Russin, ainsi que sur ceux de Moins ; mais la France l'obligea à placer dans ces deux villages des officiers de justice catholiques.

Dès les premiers mois de l'année 1685, la nouvelle de la démolition prochaine des temples de Sergy et de Fernex, jointe à d'autres bruits non moins sinistres, avait provoqué, nous avons tout lieu de le croire, une première émigration partielle des réformés du pays de Gex. Ces premiers émigrants étaient sans doute des personnes riches et éclairées qui, prévoyant les extrémités auxquelles le gouvernement français allait se laisser entraîner, se hâtaient de mettre en sûreté leurs personnes, et de soustraire le plus qu'elles pouvaient de leurs biens à la rapacité de leurs ennemis. Cette émigration dut se porter surtout vers les terres vaudoises du canton de Berne. La Suisse offrait aux réfugiés protestants un asile plus sûr que Genève. Objet perpétuel des défiances de Louis XIV, cette dernière ville voyait, depuis quelques années, un résident français habiter dans ses murs. La présence de ce surveillant officiel, complication nouvelle apportée à une situation déjà fort difficile, contraignit plus d'une fois le gouvernement de la république à dissimuler, sous le voile de l'indifférence, ses sympathies pour ses coreligionnaires persécutés.

Cependant les émigrations du pays de Gex ne tardèrent pas à se diriger aussi vers Genève. Malgré la ruine de leurs temples, la plus grande partie des protestants du bailliage n'avaient pas encore songé à abandonner leur sol natal, lorsqu'au mois de septembre, l'ordre fut donné aux troupes qui ravageaient le midi de la France de s'avancer vers les provinces du nord. La terreur que causaient les dragons était si vive, qu'il n'en fallut pas davantage pour déterminer dans le pays de Gex une émigration générale. Dans la nuit du dimanche 20 au lundi 21 septembre 1685, un nombre considérable de familles : hommes, femmes, enfants, se dirigèrent de tous les points de la contrée vers les villages dépendants de Berne et de Genève, conduisant avec elles leurs bestiaux, leurs récoltes, leurs chariots chargés de tous les effets mobiliers qu'elles avaient pu rassembler ; et le lundi matin, lorsque les portes de Genève s'ouvrirent, les citoyens contemplèrent avec étonnement ces troupes de fugitifs qui venaient leur demander un abri. Les magistrats, comprenant les dangers de la position, et la responsabilité que l'arrivée des réfugiés pouvait faire peser sur la république, auraient voulu détourner une si cruelle épreuve. Mais il était trop tard ; ils durent fermer les yeux, et permettre aux particuliers d'exercer envers les fugitifs les devoirs de l'hospitalité.

Quelque secrète qu'eût été la retraite des émigrants, la violence des agents royaux avait trouvé moyen d'ensanglanter leur sortie. Le dimanche, vers sept heures du soir, non loin du village de Genthod, un paysan français, Louis Gros, dit Farnacier, de Valavran, fut aperçu par deux gardes du sel au moment où il cherchait à gagner avec sa famille les terres de la république ; aussitôt les gardes firent feu, et le paysan tomba frappé d'un coup mortel. Aux gémissements du blessé, aux cris de sa femme, les Genevois du village de Genthod s'avancèrent pour connaître la cause du tumulte. Avec eux se trouvait un jeune homme nommé Étienne de Livron, issu d'une famille noble du pays de Gex, retirée depuis quelque temps sur les terres de Genève ; lui seul était armé. Parvenue jusqu'aux limites placées à quelques pas du village, la petite troupe n'osa pénétrer plus loin ; elle revint sans avoir vu le blessé, qui mourut peu d'heures après ; Étienne de Livron, de retour à Genthod, déchargea son arme, et tout rentra dans le repos.

Cette espèce de ronde ou de reconnaissance fut le prétexte d'inculpations injurieuses pour la république de Genève, et, comme les réfugiés qui remplissaient la ville et sa banlieue s'empressaient de faire venir tout ce qu'ils pouvaient avoir laissé dans le pays de meubles et de provisions, préférant les vendre ou même les donner aux Genevois plutôt que de les laisser entre les mains de leurs persécuteurs, l'Intendant, pour satisfaire son animosité, empêcha les Genevois de retirer les grains du mandement de Peney et des terres qu'ils possédaient sur le territoire français.

Ce procédé força les Genevois à se disculper auprès de Louis XIV de l'imputation qu'on leur faisait d'avoir attiré dans leur pays les religionnaires du bailliage de Gex ; mais pour apaiser l'orgueilleux monarque, ils durent donner ordre, à ceux des réfugiés qui se trouvaient encore sur leur territoire, d'avoir à quitter le pays. Cet ordre, donné à contre-cœur, ne le fut toutefois que lorsque la plupart de ceux à qui leurs moyens le permettaient eurent gagné les pays étrangers. On garda, du reste, sous de légers prétextes, ceux qui ne voulurent pas rentrer sur le territoire français, et l'indulgence avec laquelle les châtelains chargés des enquêtes s'acquittèrent de leur tâche montre la peine qu'ils éprouvaient à la remplir.

Quelques-uns cependant des réfugiés du pays de Gex regagnèrent leurs foyers. La misère les y forçait, bien plus encore que les ordres de la république, sur le territoire de laquelle ils n'étaient d'ailleurs pas toujours en sûreté, car les agents français ne se faisaient aucun scrupule de violer le droit des gens par les enlèvements nocturnes qu'ils commettaient jusqu'aux portes de Genève et dans les villages les plus habités.

Enfin parut le terrible édit de révocation. Signé le 18 octobre, il fut publié le 22 du même mois, et ses effets dans le pays de Gex ne tardèrent pas à se faire sentir. Les émigrations, qui avaient cessé pendant quelques jours, recommencèrent plus nombreuses et plus résolues que par le passé ; les fugitifs se portaient nuitamment sur le territoire genevois, le traversaient sans bruit, et se rendaient par le lac dans le pays de Vaud. Beaucoup de notables échappèrent de cette manière à la vigilance de leurs oppresseurs.

Dans la nuit du 31 octobre au 1er novembre, une bande d'émigrants partit des villages de Sergy, Feigères, Thoiry et Allemogne, et vint camper sur les bords de la London. Les fugitifs emmenaient avec eux leur gros et leur menu bétail ; ils emportaient leurs meubles, leurs armes et les grandes *arches* de noyer ou de sapin qui, selon l'usage antique de nos campagnes, contenaient leurs effets les plus précieux. Après s'être assurés, à prix d'argent, du silence de quelques gardes par lesquels ils avaient été aperçus, ils passèrent à gué la London dans la localité appelée *la Redanna ;* puis, parvenus à la hauteur opposée, ils y allumèrent un grand feu, destiné à servir de signal à d'autres fugitifs qui devaient les y rejoindre. La troupe réunie, ils confièrent les plus faibles d'entre eux, ainsi que leurs effets, à la garde des Genevois du mandement de Peney, et passèrent le Rhône à la nage avec leurs bestiaux, car les bateaux avaient été enlevés ou placés sur la rive gauche du fleuve à la requête du gouvernement français. Après avoir échappé à tous ces périls, une partie des réfugiés se dirigèrent vers

Genève, où ils cherchèrent à s'embarquer pour la Suisse ; d'autres demeurèrent dispersés dans les villages de la Champagne sous la protection des grands propriétaires genevois.

En dépit des menaces de Louis XIV, les protestants des provinces du centre et du midi de la France commençaient, de leur côté, à refluer sur Genève. La Bourse française, qui pourvoyait aux besoins les plus pressants des exilés, se vit bientôt débordée. « Le 9 novembre, » écrit un auteur contemporain, « on en assista deux cent vingt-huit, seulement du pays de Gex. Au 15 novembre, mille de ce seul pays-là ont déjà reçu l'assistance. »

L'émigration, une fois arrivée à un tel degré d'intensité, devait entraîner pour toute la contrée des pertes énormes. Au bout de peu de temps, le pays de Gex, à moitié dépeuplé, se couvrit de jachères et de ruines. Parfois, en disant un dernier adieu à leurs chaumières, les habitants, dans leur désespoir, les livraient eux-mêmes à la destruction. Quelques jours après l'émigration du commencement de novembre, deux jeunes gens de Feigères, qui avaient réussi à se sauver à Genève, rentrèrent secrètement dans leur village natal, et mirent le feu à leur maison, qui fut consumée avec trois autres. Pour rester fidèle à sa foi, le propriétaire des papeteries de Divonne prit le chemin de l'exil ; son établissement, qu'il dut abandonner, tomba entre les mains d'un étranger, dont cette circonstance contribua à faire la fortune. Malgré l'interdiction du culte protestant, les pasteurs de Sergy et de Fernex avaient continué à demeurer au milieu de leurs troupeaux désolés ; l'édit de révocation les contraignit à prendre la fuite. Jacques et Marc de Choudens, directeurs des Églises, quittèrent aussi le bailliage, et allèrent chercher un asile dans le pays de Vaud.

Pour éviter d'être trop gravement compromise par l'affluence des réfugiés, Genève s'efforçait de leur procurer le plus promptement possible les moyens de gagner la Suisse ou l'Allemagne. Cependant, par mesure de prudence, le Conseil crut devoir réitérer l'interdiction de donner aux fugitifs un asile permanent. On sévit aussi, avec rigueur, contre trois Genevois accusés d'avoir enlevé, à Gex, trois demoiselles protestantes, pour les aider à passer la frontière ; ils furent condamnés à mort par contumace et exécutés en effigie.

Malgré toutes ces concessions, Genève semblait avoir le privilège de tenir sans cesse en éveil le fanatisme inquiet de Louis XIV. Informé que plusieurs familles réfugiées du pays de Gex avaient trouvé un asile dans les villages genevois de la rive gauche du Rhône faisant partie des terres de St-Victor, le roi les dénonça au duc Victor-Amédée, espérant obtenir leur extradition, ou les faire incarcérer. Le gouvernement genevois, averti à temps de cette indigne démarche, se hâta d'en prévenir les malheureux exilés, qui, avec son aide, réussirent sans doute à trouver en Suisse une plus sûre retraite.

Les émigrations des habitants du bailliage, un instant ralenties, recommencèrent en 1686 et surtout en 1687. Le gouverneur Passy, homme cupide, facilita lui-même à prix d'argent la fuite de plusieurs réfugiés. Genève, qui, à la suite de la révocation de l'édit de Nantes, s'était hâtée de renouveler alliance avec les cantons protestants, et avait fait quelques préparatifs de défense, ne craignit pas, les conjonctures étant moins défavorables, de laisser voir plus ouvertement sa sympathie pour les exilés. Louis XIV s'étant plaint de ce que plusieurs émigrés du pays de Gex recevaient l'hospitalité dans la ville, sous prétexte qu'ils étaient en service chez des particuliers, les magistrats promirent de se conformer, autant que faire se pourrait, aux désirs du monarque; ils ajoutèrent cependant, non sans une certaine ironie, que de tout temps le bailliage de Gex avait fourni Genève de valets et de servantes, et qu'il leur serait difficile de s'en procurer ailleurs.

Il n'est pas aisé d'évaluer d'une manière précise les pertes que les émigrations successives occasionnées par la révocation de l'édit de Nantes firent subir à la population du pays de Gex ; les documents nous font défaut pour cette appréciation. Une donnée significative nous a cependant été conservée. En 1698, un homme, que sa position rend assurément peu suspect d'avoir cherché à exagérer le nombre des émigrés, M. Ferrand, intendant de Bourgogne, constatait, dans un mémoire adressé au gouvernement, que le tiers de la population protestante de sa province avait quitté la France. Ce mémoire ajoutait que, dans le bailliage de Gex, pris à part, la proportion avait été beaucoup plus forte, et que, sur 1373 familles réformées qui se trouvaient dans ce pays avant la révocation, 888, c'est-à-dire environ *les deux tiers*, s'étaient expatriées. Un chiffre aussi élevé peut faire comprendre quelles pertes immenses le fatal édit de Louis XIV entraîna pour le pays de Gex. Aussi les trois quarts de siècle qui séparèrent de l'époque de la révocation le temps où le philosophe de Fernex habita cette contrée ne purent-ils suffire à combler le vide causé par le départ des protestants. Voltaire, dans sa correspondance, applique souvent au pays de Gex, avec beaucoup de justesse, l'épithète de *désert*.

Comme dans le reste du royaume, la fuite des émigrés du bailliage eut aussitôt pour conséquence la saisie de leurs biens. Par ordonnance du 21 mars

1686, l'intendant de Harlay fit mettre sous régie les possessions de tous les religionnaires fugitifs, ainsi que les titres et les propriétés qui pouvaient avoir appartenu aux consistoires ; mais l'année ne s'était pas écoulée que déjà la plupart des fermes et des maisonnements des biens-fonds abandonnés ne présentaient plus qu'un amas de décombres. Quatre ans plus tard, une ordonnance royale, en date du 20 décembre 1690, confisqua définitivement ces biens, dont une moitié fut attribuée à l'hôpital de Gex, un quart à la maison de charité de cette ville, et l'autre quart à la maison des sœurs de la propagation de la foi.

Une partie des réformés n'avaient pas pu ou n'avaient pas voulu quitter le sol natal. Quelques-uns d'entre eux se plièrent aux exigences du culte catholique, et furent rangés dans la classe des *nouveaux convertis ;* d'autres persistèrent plus longtemps, et demeurèrent quelques années encore dans la catégorie des *religionnaires*.

Les premiers eurent d'abord certains avantages pécuniaires, et se virent soulagés d'une partie des charges qui pesaient sur eux ; mais ils ne purent se soustraire aux justes reproches de ceux de leurs frères qui avaient persévéré dans la profession de leur foi, et retrouvèrent d'ailleurs bientôt une dure servitude dans l'obligation d'assister à un culte qu'ils ne comprenaient point, et qui ne leur offrait que d'amers souvenirs. La répugnance qu'ils éprouvaient pour les pratiques de la religion qui leur était imposée se perpétua longtemps encore, et le temps n'a pu complètement l'effacer. Forcés par les agents du roi d'assister à la messe, ils imposèrent à ce rite un nom bien énergique : la *contrainte;* et, pendant tout le dix-huitième siècle, presque jusqu'à nos jours, une population catholique entière a vécu en donnant le nom odieux de contrainte au sacrement de la sainte Cène, à l'acte qui avait si longtemps figuré pour ses pères le repas de réconciliation et de paix. *Aller à la contrainte* était pour les nouveaux convertis l'équivalent de : *aller à la messe;* tant avait été forte l'impression reçue par les hommes de 1686 lorsque les gardes ou les dragons venaient les arracher de leurs demeures pour les traîner devant les autels.

Le sort de ceux qui persévérèrent dans la foi protestante était plus cruel peut-être, mais, au fond, moins triste que celui des convertis. Ils n'avaient pas à faire plier sans cesse leur conscience, et s'ils luttaient, ce n'était pas avec eux-mêmes. Ils étaient moins à plaindre que les réformés du reste du royaume, car il était matériellement impossible de les empêcher d'assister de temps à autre au culte public ; la proximité de Genève et du pays de Vaud leur donnait à cet égard une assez grande facilité. Aussi vit-on plusieurs familles protestantes conserver longtemps dans leur for intérieur les croyances réformées, jusqu'à ce qu'enfin le contact des populations catholiques ou le conflit des intérêts matériels eût éteint dans la contrée ces dernières lueurs du protestantisme.

Toutefois ce ne fut pas sans luttes et sans combats que les réformés de Gex restés fidèles à leur culte gardèrent pendant leur vie ou transmirent à leurs enfants ce culte d'esprit et de vérité. Quelques-uns d'entre eux furent exposés à des tourments analogues à ceux dont les annales de la persécution nous offrent malheureusement de si nombreux exemples. Une femme de la famille Poncet, de Gex, entre autres, fut torturée au moyen d'une bassinoire ardente qu'on lui plaça sur la tête dans le dessein d'obtenir d'elle une abjuration. Toutes les fois qu'un réformé tombait malade, le curé se rendait à son domicile accompagné de deux huissiers, le sommait d'embrasser la religion catholique et d'en recevoir les sacrements ; et, sur son refus, il lui déclarait, en présence de témoins, que s'il mourait, il ferait traîner son corps à la voirie par la main du bourreau. Ces menaces, conséquences nécessaires des édits du temps, n'étaient pas toujours exécutées, et nous ne pensons pas que ce scandale juridique ait été fréquent dans le pays de Gex ; mais la menace seule n'était-elle pas une barbarie et une indignité ?

Il nous reste à mentionner un événement qui termine d'une manière assez frappante cette longue et terrible période. Peu d'années après l'époque où il avait eu la joie de parvenir au terme de ses projets, l'évêque Jean d'Aranthon atteignit aussi la fin de sa carrière. Il mourut dans la vallée d'Abondance, le 4 juillet 1695, à l'âge de 75 ans. Cet infatigable champion de la cause catholique s'occupa jusqu'à ses derniers moments de consolider l'œuvre qu'il avait accomplie dans le bailliage ; quelques jours avant sa mort, dans un synode tenu à Annecy, il prit encore part à des délibérations relatives aux intérêts de l'Église romaine dans le pays de Gex, et une de ses dispositions testamentaires eut pour but de laisser à la postérité un monument des succès qu'il avait obtenus dans cette contrée.

Nous ne reviendrons pas sur les divers jugements que nous avons émis au sujet de Jean d'Aranthon. Ces observations n'ont rien d'absolu ; elles ressortent d'une étude sérieuse des faits que nous avons exposés, et l'indulgence que nous devions aux vertus du prélat n'a pu nous empêcher de déplorer la part active qu'il prit aux infortunes de nos coreligionnaires, ainsi que les malheurs d'un pays livré aux fureurs de l'intolérance et de la persécution.

TROISIÈME PÉRIODE

Depuis la révocation de l'édit de Nantes jusqu'au temps actuel (*).

1685—1890

CHAPITRE Ier

La chute des temples de Sergy et de Fernex, en supprimant d'une manière absolue l'exercice public du culte réformé dans le pays de Gex, y avait assuré, dès le commencement de l'année 1685, le triomphe extérieur du catholicisme. Toutefois, pendant longtemps encore, ce triomphe fut bien plus apparent que réel, et il fallut, de la part du clergé romain, une lutte soutenue et des efforts multipliés pour parvenir à déraciner complètement, chez les nou-

(*) Quelques additions ont dû être faites, dans cette troisième partie, en vue de compléter le travail original, dont la publication date déjà de trente-cinq ans.

veaux convertis, leurs convictions protestantes, restées vivaces au fond de leur cœur. Les armes de la persuasion et de la douceur devaient être, pour assurer la victoire, infiniment plus efficaces que celles de la contrainte ; c'est ce que sut comprendre l'habile athlète qui dirigea cette dernière lutte, le successeur de Jean d'Aranthon.

Michel-Gabriel Rossillion de Bernex, né à Châteaublanc, près de Genève, appartenait à une ancienne famille noble de Savoie tirant son origine du pays de Gex. Malgré le désir de ses parents, qui eussent voulu le voir embrasser la carrière militaire, il préféra se vouer à l'état ecclésiastique, et, à la mort de Jean d'Aranthon, il fut promu à l'épiscopat. Au rapport de son biographe, Rossillion de Bernex était un homme d'une humilité et d'une piété sincères, ami des pauvres et charitable. Comme théologien, il ne manquait pas d'érudition et soutint, à diverses reprises, des discussions polémiques avec des docteurs réformés, entre autres avec le célèbre professeur genevois Bénédict Pictet.

Dès sa première lettre pastorale, Rossillion de Bernex exprima le vœu de faire rentrer dans le sein de l'Église romaine les brebis égarées que renfermait son diocèse. Il travailla effectivement avec ardeur durant toute sa vie à la conversion des réformés ; ce fut lui qui, en 1722, pendant un séjour du roi de Sardaigne à Evian, réussit à déterminer l'abjuration de la baronne de Warens. Il forma encore le projet de fonder à Annecy, sur le modèle de la maison de la propagation de la foi instituée à Gex par d'Aranthon, un établissement pour recevoir les Genevois convertis au catholicisme ; mais diverses circonstances l'empêchèrent d'exécuter ce dessein.

Animé de semblables dispositions, et désireux de marcher sur les traces de son prédécesseur, Rossillion dut s'efforcer d'achever l'œuvre de celui-ci dans le pays de Gex. Dès le début de son épiscopat, en 1698, il se rendit dans le bailliage, entreprit la visite pastorale des paroisses et administra lui-même les sacrements aux fidèles ; mais le peu de succès qu'il obtint put le faire juger par ses propres yeux du petit nombre des nouveaux convertis et des funestes effets d'une persécution qui avait dépeuplé la contrée. Dans tout le cours de ses visites au sein du bailliage, « à peine trouva-t-il en quelques paroisses », d'après son propre aveu, « dix à douze personnes qui voulussent communier ou qui se présentassent pour recevoir le sacrement de la confirmation ».

Un résultat si peu encourageant fit sentir aux curés et aux missionnaires jésuites du pays de Gex la nécessité de redoubler d'efforts pour développer chez les nouveaux convertis l'attachement aux croyances catholiques. L'évêque vint à diverses reprises, notamment en 1702, encourager ses auxiliaires par sa présence, et l'ardeur qu'ils déployèrent augmenta effectivement, d'une façon notable, le nombre des conversions. En 1708, Rossillion de Bernex étant revenu faire ses visites diocésaines, pendant le cours desquelles il prêcha dans plusieurs paroisses, eut la satisfaction de trouver, un peu partout, les églises pleines, et put se féliciter des progrès que l'activité de son clergé avait fait faire au catholicisme. La joie qu'il eut à constater ce succès l'engagea à en communiquer la nouvelle à Louis XIV. Dans sa lettre, datée du 17 août 1708, il saisit cette occasion pour recommander vivement au roi les ecclésiastiques de la province, les pères jésuites d'Ornex et les sœurs de la Propagation de Gex, qui avaient été pour lui, disait-il, de précieux auxiliaires.

Au bout de quelques années, par une suite naturelle du triomphe du catholicisme, l'antagonisme religieux s'était sensiblement éteint dans le pays de Gex. Il arriva même, vers 1715, qu'en dérogation aux édits qui excluaient les protestants de toutes les charges ou fonctions publiques, des religionnaires furent nommés à quelques emplois ; mais Rossillion, peu satisfait de ce retour à la tolérance, réclama d'une manière pressante contre une semblable infraction aux lois. Le duc d'Orléans, régent de France, fit droit à ses plaintes, et intima à l'intendant de Bourgogne l'ordre de ne pas permettre le renouvellement des faits signalés par l'évêque.

Rossillion ne borna pas sa sollicitude aux habitants du territoire français, il l'étendit à ceux des anciennes terres ecclésiastiques de la souveraineté de Genève. Ces terres, cultivées en partie par des propriétaires genevois, l'étaient, en partie aussi, par des fermiers et des ouvriers catholiques; toutefois, Genève, ne voulant fournir à l'évêque aucun précédent qui pût motiver de sa part des prétentions plus considérables, avait toujours refusé d'autoriser, dans ces enclaves, l'exercice de la religion romaine. Le prélat se préoccupa de cet état de choses, et résolut de le faire cesser. Des démarches furent entreprises par lui dans ce but auprès de la république; il les réitéra, à diverses reprises, d'une manière si pressante, qu'il triompha des résistances de Genève et obtint en fait, sinon en droit, la permission de célébrer le culte romain pour ses coreligionnaires dans tout le territoire de St-Victor et du Chapitre.

Un autre conflit avec la république sollicita bientôt plus vivement l'attention de l'évêque. Dès longtemps, Genève désirait conclure avec la France un traité qui fixât d'une manière stable les droits de souveraineté des deux États, droits jusqu'alors mal définis, et sources de contestations incessantes ; elle cherchait de plus à négocier l'échange des nombreuses enclaves, qui morcelaient ses possessions, contre d'autres terres plus convenablement situées ; il lui importait surtout d'acquérir, par ce moyen, le territoire qui séparait le mandement de Peney de ses possessions suburbaines ; comme compensation, elle aurait cédé à la France ses divers biens ecclésiastiques du pays de Gex.

Les curés du bailliage, encore peu confiants dans la solidité des conversions qu'ils avaient opérées, virent ces projets d'un œil inquiet et s'empressèrent de faire part de leurs craintes à l'évêque. Ils appréhendaient de voir les Genevois s'établir en grand nombre sur les terres qui leur seraient cédées, et les convertis qui les habitaient revenir à la foi réformée dès qu'ils auraient échappé à la contrainte tyrannique sous laquelle ils vivaient. Le prélat, frappé de ces considérations, se hâta d'écrire au duc de Bourbon, premier ministre de Louis XV, et à Fleury, précepteur du roi, pour les mettre en garde contre les demandes de Genève. Cette démarche ne fut cependant point jugée suffisante par les prêtres du bailliage ; car, bientôt après, ils adressèrent à Rossillion un long mémoire destiné à lui signaler tous les dangers de l'échange proposé. Ils se plaignaient, dans cet écrit, de voir sans cesse les

Genevois acquérir dans le pays de Gex des terres seigneuriales ou des domaines ruraux, au point de faire diminuer d'une manière sensible le nombre des maisons catholiques. « On cite à ce sujet », dit l'auteur de la vie de Rossillion, qui nous a conservé un résumé du mémoire, « la paroisse de Pregny, où de soixante que l'on y comptait auparavant, il n'en reste plus que huit ; et l'on assure qu'il en est à peu près de même de plusieurs autres». Après un plaidoyer fort développé, où ils s'efforçaient de prouver, entre autres points, que les propositions de Genève étaient désavantageuses à la France et injurieuses à la gloire du roi, les curés du pays de Gex terminaient en priant l'évêque de se rendre à Paris pour plaider lui-même leur cause auprès du souverain.

Cédant à cette demande, Rossillion partit pour la cour vers la fin d'avril 1725. En passant par Dijon, il s'y arrêta pour visiter l'intendant de Bourgogne, qui avait été chargé d'examiner les propositions de la Seigneurie de Genève, et le décida sans beaucoup de peine à les repousser. Arrivé à Paris, le prélat se rendit auprès du duc de Bourbon, auquel il exposa le but de son voyage ; il lui remit, en le priant de les présenter au roi, deux mémoires, dont l'un se bornait à reproduire les arguments allégués par les prêtres du bailliage ; l'autre, plus personnel, insistait sur les inconvénients que l'échange proposé pourrait avoir pour Rossillion, envisagé comme possesseur de terres seigneuriales dans le pays de Gex. Grâce à ces deux mémoires, grâce surtout à l'habile influence qu'il sut exercer à Paris, l'évêque obtint gain de cause, et fit repousser toutes les propositions d'échange.

Cependant, au bout de vingt-cinq ans, les circonstances n'étant plus les mêmes, les négociations furent reprises et finirent par aboutir. En 1749, Genève conclut avec la France un traité d'échange, à des conditions, il est vrai, beaucoup plus onéreuses pour la république que celles qui avaient été débattues précédemment. Genève, en effet, ne put obtenir la cession du territoire qui séparait le mandement de Peney de ses possessions suburbaines, tandis qu'elle dut céder à la France tous ses droits de souveraineté sur les terres de Saint-Victor et du Chapitre enclavées dans le pays de Gex, réserve faite de Genthod, Dardagny, Russin, et du mandement de Peney, qu'elle conserva. En revanche, la France fit cession à la république de tous les droits auxquels elle pouvait prétendre sur les terres ou villages du mandement de Peney, nommément sur celui de Bourdigny; elle renonça aussi au village de Russin, mais avec la clause excessivement bizarre que l'exercice public de la religion catholique serait maintenu dans cette localité, alors toute protestante. Le temple et la cure du village demeurèrent donc en la possession du clergé romain, et, pendant la seconde moitié du dix-huitième siècle, les habitants de Russin, qui se réunissaient, pour leur culte, dans une maison particulière, purent voir, à de rares intervalles, un prêtre catholique célébrer la messe dans l'église déserte du hameau, uniquement pour constater le droit qu'il avait d'y officier. Cette étrange prérogative subsista jusqu'au temps de la révolution française ; mais, en 1794, les habitants de Russin profitèrent de la suppression officielle du culte catholique en France pour rentrer en possession du temple et pour y rétablir le culte de leurs pères.

Rossillion de Bernex mourut en 1734. Avec lui disparaissent les dernières traces, ou peu s'en faut, de l'existence des anciennes Églises protestantes du pays de Gex. Il est à croire que la conversion des malheureux religionnaires ne s'acheva pas sans peine et que bien des vexations demeurées inconnues furent encore mises en œuvre pour triompher de leurs résistances. Quoi qu'il en soit, les efforts de l'évêque eurent une réussite pleine et entière. Pendant son long épiscopat, une génération nouvelle avait eu le temps de s'élever ; habituée dès l'enfance aux rites du catholicisme, elle perdit bientôt le souvenir du culte simple et solennel que célébraient ses ancêtres, et les vieilles traditions protestantes de la contrée s'effacèrent, peu à peu, complètement. Dès lors, c'est en dehors du pays de Gex qu'il faut chercher les derniers débris des Églises qui y avaient fleuri.

Les émigrations des réformés du bailliage avaient commencé, quoique faiblement, à se produire dès le temps de la démolition des temples. Ce fut surtout, comme nous l'avons vu, à l'époque de la révocation de l'édit de Nantes que la plupart d'entre eux se décidèrent à quitter leur pays natal pour obéir à la voix de leur conscience. Le territoire genevois et le sol hospitalier de la Suisse, qui touchaient à leurs frontières, devinrent naturellement leurs principaux lieux de refuge. Quelques-uns des émigrés achetèrent la bourgeoisie de Genève dès leur arrivée ou dans les temps qui la suivirent immédiatement; d'autres, espérant en vain des jours meilleurs, ne se décidèrent que plus tardivement à changer de patrie; d'autres enfin, en plus grand nombre, restés à l'état d'habitants ou de natifs, n'obtinrent le droit de cité qu'au moment de la révolution. On compte encore à Genève plusieurs familles honorables descendant des émigrés du bailliage.

L'un des premiers réfugiés sur le territoire de la république, Philippe de Choudens de Grema, mérite une mention spéciale pour le rôle assez important qu'il joua à l'époque de la révocation de l'édit de Nantes. En 1685, il se rendit en Brandebourg, où l'électeur Frédéric-Guillaume offrait aux réfugiés l'hospitalité la plus généreuse; nommé par ce prince conseiller de cour et d'ambassade, il fit partie du consistoire de Berlin dès le moment de son organisation. Son caractère actif et entreprenant lui permit de rendre à ses coreligionnaires d'éminents services. Frédéric-Guillaume lui confia la mission d'aller en Suisse chercher les émigrés français, qui s'y trouvaient en beaucoup trop grand nombre, et de les installer dans les colonies naissantes du Brandebourg. Le Conseil de Genève, pour témoigner à de Choudens son estime, lui accorda le droit de bourgeoisie, qui avait déjà été possédé par ses ancêtres.

Un grand nombre de réfugiés furent aussi accueillis avec empressement dans le canton de Berne, principalement dans les bailliages du pays de Vaud, les plus rapprochés de leur patrie. De même qu'à Genève, la plupart d'entre eux restèrent longtemps à l'état d'habitants ou de natifs, et c'est peu à peu seulement qu'ils acquirent des bourgeoisies, ou entrèrent dans la classe des *incorporés*, formée de nationaux, reconnus pour tels, sans avoir de droits à une bourgeoisie spéciale.

Nous avons raconté comment, en 1670, le Conseil des Églises avait placé par lettre de rente, sur une montagne du pays de Vaud, une somme provenant de la collecte faite en Hollande pour les protestants du pays de Gex. Cette montagne avait nom *la Conriérie.* En 1685, les deux derniers directeurs des Églises, Marc de Choudens la Tour et Jacques de Choudens de Badian, s'étant réfugiés dans le pays de Vaud, eurent soin d'y apporter les pièces relatives à cette hypothèque, afin que les revenus en pussent être appliqués aux réfugiés du bailliage de Gex. Entrant dans ces vues, le gouvernement bernois, dans le but de mettre en sûreté le capital, ordonna, le 14 août 1696, « la prise de possession de la dite montagne, afin que le revenu d'icelle fût appliqué au bénéfice desdits religionnaires ». Plus tard, à la requête des deux anciens directeurs, ces derniers furent autorisés à disposer du revenu de la Conriérie en faveur de divers réfugiés nécessiteux, parmi lesquels nous trouvons mentionnés : « la veuve de M. le ministre Roch, la veuve de M. le ministre Roch la Tour, la veuve du sieur Definod, M. de Livron et le sieur Alliod. »

Dès lors, et pendant tout le dix-huitième siècle, des pensions prises sur les rentes de la montagne furent distribuées à ceux des réfugiés de Gex ou de leurs descendants qui se trouvaient dans l'indigence. En 1806, le pays de Vaud étant devenu un canton suisse, la Commission des secours publics du nouvel État fut chargée par le Petit Conseil de faire un recensement exact des familles originaires du pays de Gex alors existantes. Depuis longtemps déjà la montagne avait été vendue, mais le fonds était demeuré intact, et le receveur du district de Nyon, distributeur des secours, fit savoir que vingt-quatre familles encore recevaient des pensions. Treize de ces familles se trouvant dans l'aisance ou pourvues de bourgeoisies, le Petit Conseil supprima les sommes qui leur étaient allouées. Le 19 octobre 1812, le gouvernement décida de ne plus laisser participer aux secours de la bourse des réfugiés de Gex que les familles de ces réfugiés non pourvues de bourgeoisies, afin que, lorsqu'il ne s'en trouverait plus dans ce cas, la bourse pût être réunie aux fonds de l'hospice cantonal. Par suite de cet arrêté, le nombre des ayant-droit à des pensions se trouva considérablement diminué, et ils disparurent bientôt tout à fait.

La bourse des réfugiés du pays de Gex conserva cependant encore, pendant plusieurs années, une existence séparée. Ce fut en 1843 seulement qu'un décret du Grand Conseil vaudois, en date du 23 mai, la réunit aux fonds de l'hospice cantonal, auxquels ont droit tous les descendants de réfugiés pourvus de bourgeoisies.

CHAPITRE II

Le dénouement fatal de la lutte héroïque soutenue par les Églises du pays de Gex contre les efforts combinés de Rome et de Louis XIV semble marquer le terme de notre récit. Notre tâche n'est cependant point encore achevée. Si la contrainte parvint à éteindre, pour un temps, dans le bailliage, le flambeau de l'Évangile, ce flambeau, grâce à la protection divine, ne tarda pas à se rallumer, et de nos jours, quelques communautés protestantes proclament de nouveau, dans le petit territoire de Gex, la foi de ses anciens habitants. C'est cette renaissance toute pacifique du culte réformé aux lieux mêmes où la persécution se déchaîna pendant près d'un siècle pour l'anéantir qu'il nous reste à esquisser rapidement.

Les réformés avaient entièrement disparu du pays de Gex, à l'exception d'un petit nombre de familles genevoises de la haute classe, qui y avaient conservé des possessions. C'est à partir de 1770, sous le ministère du duc de Choiseul, que nous pouvons y constater de nouveau leur présence. A la suite d'une émeute qui avait éclaté à Genève, et dans laquelle les *natifs,* demandant leur émancipation, furent repoussés par la bourgeoisie, plusieurs familles de ces natifs se décidèrent à s'expatrier. Quittant le territoire de la république, elles se réfugièrent dans les environs, à Versoix et surtout à Fernex, où Voltaire les accueillit avec empressement. La plupart de ces émigrés, horlogers de profession, transportèrent leur industrie dans le lieu de refuge que leur offrait le philosophe, à la grande satisfaction de ce dernier, qui, sur ses vieux jours, aspirait à la gloire de transformer le pays de Gex et d'élever au milieu d'un *désert,* selon son expression, une cité florissante.

Déjà en 1768, c'était en grande partie d'après les sollicitations du seigneur de Fernex que son ami le duc de Choiseul avait formé le plan de construire à Versoix une ville française, rivale industrielle de Genève. Voltaire s'occupa fort activement de la réalisation de ce projet; et, persévérant, contre le fanatisme du clergé romain, dans la noble opposition qui avait fait de lui le défenseur des Sirven et des Calas, voulant en outre faciliter à la colonie naissante les moyens de se peupler, le vieux philosophe exprima au ministre le vœu que la liberté de conscience fût établie à Versoix, et qu'un temple protestant pût s'y élever à côté d'une église catholique. Il donnait à la cité projetée le nom de ville de la tolérance. Ces demandes, trop précoces de quelques années, ne trouvèrent pas d'écho dans le pouvoir ; et bientôt, vers la fin de décembre 1770, la disgrâce du duc de Choiseul vint arrêter la construction de la ville de Versoix, en même temps qu'elle enlevait à Voltaire le plus ferme appui de sa colonie genevoise de Fernex. Cette colonie continua cependant à prospérer et, jusqu'à sa mort, Voltaire ne cessa de lui porter le plus vif intérêt.

Le nombre des habitants s'accrut bientôt. Aux Genevois s'adjoignirent des Savoyards, puis des Suisses pour la plupart protestants, en sorte qu'en 1775, s'il faut en croire Voltaire, la population du bourg, qui, peu d'années auparavant, ne se composait que d'une quarantaine de personnes, avait atteint le chiffre de 1200 âmes. Mais composée d'éléments si hétérogènes, et contenant en outre beaucoup d'ouvriers que leur profession ou l'exiguité de leurs ressources pécuniaires devaient rendre souvent nomades, la population de Fernex diminua bientôt et se renouvela à plusieurs reprises. Elle se distingue encore aujourd'hui par un caractère d'instabilité qu'on peut spécialement observer chez une grande partie des habitants protestants du bourg.

L'œuvre de Voltaire et des philosophes de son

école devait bientôt porter ses fruits, et peu d'années après l'établissement de la petite colonie de Fernex, la France se vit emportée par le torrent de la révolution. Ses premières commotions politiques, si funestes à l'ancienne monarchie, restituèrent aux protestants français, dans l'espace de quelques années, tous les droits dont un long siècle d'intolérance et de fanatisme les avaient dépouillés. Louis XVI, par l'édit de 1787, leur rendit l'existence civile; l'Assemblée nationale leur accorda deux ans plus tard les droits politiques et religieux; enfin la constitution de l'an III consacra la liberté des cultes, et la loi du 7 vendémiaire an IV en organisa l'établissement. Les réformés domiciliés dans le pays de Gex s'empressèrent de profiter de la protection de ces lois réparatrices; dès l'an V (octobre 1795), ils fondèrent à Fernex une Église pour tous les protestants de l'ancien bailliage. M. Ebray, de Genève, en fut le premier pasteur.

Depuis le traité d'échange de 1754 entre Genève et la Savoie, une Église protestante existait à Carouge; elle se composait des réformés établis dans cette petite ville et dans les villages catholiques d'alentour. C'est à cette Église que fut adjointe celle de Fernex, à la suite de la loi du 18 germinal an X; dès lors, ces deux paroisses, desservies par le même pasteur, formèrent une Église oratoriale, qu'un décret impérial du 10 brumaire an XIV réunit bientôt à l'Église consistoriale de Genève. En 1803, M. Percy succéda à M. Ebray dans ses fonctions de pasteur de Carouge et de Fernex ; et, pendant toute la durée du premier empire, il célébra alternativement le culte dans les deux paroisses, fréquemment secondé dans cette double tâche par des ecclésiastiques ou des proposants genevois.

La restauration détruisit l'accouplement bizarre des deux Églises, et M. Percy, restant attaché à celle de Carouge, devenue genevoise, dut abandonner l'annexe de Fernex. Les protestants du pays de Gex se trouvèrent ainsi privés de pasteur, et l'existence de l'Église renaissante fut sérieusement menacée. Si, dans ce moment de crise, le service divin continua à être régulièrement célébré, si les traditions religieuses furent conservées avec soin au milieu des fidèles de Fernex, c'est au zèle et au dévouement d'un des membres de leur consistoire qu'ils en furent redevables. M. P. Viala, originaire de la Salle en Languedoc, mais fixé depuis de longues années à Fernex, et, en quelque sorte, seul type du vieil esprit protestant français au milieu de la population mobile de cette paroisse, entreprit, en l'absence de tout pasteur, la difficile tâche de veiller au maintien de la sanctification du dimanche et de la célébration régulière du culte évangélique. Comme précédemment, plusieurs ministres ou proposants genevois se firent un devoir de concourir à ce pieux dessein en prêtant à la communauté abandonnée le secours de leurs prédications. Cependant, si parfois il arrivait qu'un obstacle imprévu retînt la personne qui s'était chargée de présider le culte, M. Viala prenait lui-même la parole et adressait aux fidèles réunis dans sa demeure quelques instructions simples et édifiantes ; puis tous ensemble élevaient leur âme à Dieu par la prière.

Grâce à cette ferveur, à ce zèle ardent pour la foi réformée, héritage qu'il tenait de ses pères, M. Viala sut entretenir parmi les protestants de Fernex l'heureuse impulsion religieuse que leur avait donnée le rétablissement du culte. Aussi, lorsqu'au bout de cinq années, en 1819, une ordonnance royale eut accordé un pasteur aux réformés de l'arrondissement de Gex, M. Viala eut la joie de pouvoir lui remettre dans son intégrité le dépôt précieux sur lequel il avait veillé d'une manière si exemplaire.

Tout était à créer dans la nouvelle paroisse, au point de vue des établissements matériels ; aussi le pasteur qui fut appelé à Fernex, M. Albert Eymar, dut-il bientôt s'occuper de la construction d'un temple. Jusqu'alors le culte avait été célébré dans deux salles contiguës que le généreux dévouement de M. Viala avait mises à la disposition des fidèles ;

mais ce local se trouvait tout à fait insuffisant ; la chaleur y était étouffante, et souvent beaucoup de protestants venus de villages éloignés se voyaient contraints de retourner dans leurs maisons sans avoir pu pénétrer dans l'enceinte ou sans y avoir trouvé la solennité et le recueillement qu'ils eussent voulu voir régner dans leurs assemblées religieuses. Après une foule de démarches longtemps inutiles, M. Eymar, secondé par M. Viala, obtint du gouvernement l'autorisation de faire construire un temple à Fernex. Mais il n'était accordé par l'État, pour les frais de cette entreprise, qu'une faible somme, (2000 fr.), et les ressources des réformés de la paroisse ne leur permettaient pas de couvrir le reste de la dépense. Le consistoire dut alors se décider à faire un appel à la charité fraternelle de tous les amis de l'Évangile. Cet appel fut entendu ; l'on put recueillir de nombreuses souscriptions en faveur de l'édifice projeté, et la somme qu'elles produisirent permit aux protestants de Fernex l'érection d'un temple spacieux et l'acquisition d'une maison d'habitation pour le pasteur. Le nouveau sanctuaire fut inauguré en 1824 ; dès lors le service divin n'a cessé d'y attirer un assez nombreux concours de fidèles, qui, dans le commencement surtout, et avant que les moyens d'édification se fussent multipliés dans le pays, s'y rendaient de communes même fort éloignées. Bientôt la fondation d'une branche de la Société biblique (1824), puis l'établissement d'écoles pour les enfants des deux sexes sont encore venus contribuer avec succès à unir les protestants de Fernex et à favoriser leur développement intellectuel, moral et religieux.

Tous les réformés du pays de Gex ne s'étaient pas groupés autour de la colonie de Voltaire ; on en avait vu s'établir dans différents villages de l'arrondissement ; mais c'est dans la ville de Gex surtout, qu'après Fernex, l'on en comptait le plus grand nombre. Ces derniers ne tardèrent pas à manifester le désir d'obtenir aussi à Gex l'établissement d'un service religieux. Vers la fin de 1827, d'accord avec M. Duminy, pasteur de la circonscription, ils firent part de leur dessein au maire de leur ville ; mais celui-ci crut devoir y mettre opposition. Les réformés, peinés de ce refus, réclamèrent toutefois, avec respect, auprès des autorités compétentes, par l'intermédiaire du consistoire de Fernex ; ils n'obtinrent aucune réponse. Après un an d'attente, ils prévinrent par écrit le maire qu'ils avaient l'intention de se rassembler à un jour fixé pour la célébration de leur culte. Ce magistrat leur fit répondre que si la réunion avait lieu, il se verrait contraint de la dissoudre par la force. Les protestants de Gex, voulant épuiser toutes les réclamations légales, eurent recours à l'appui du consistoire de Lyon, duquel relevait leur arrondissement. Une pétition fut adressée par eux à ce corps, qui s'empressa d'informer le ministère de l'intérieur des difficultés éprouvées par ses ressortissants. Cette démarche fut couronnée d'un plein succès. Le 15 mars 1830, le baron Cuvier, Conseiller d'État chargé des affaires des cultes non catholiques, écrivait, au nom du ministre de l'intérieur, au préfet du département de l'Ain, une lettre l'invitant à donner aux protestants de Gex l'autorisation nécessaire pour se réunir en assemblées religieuses.

Peu de temps après cette lettre, le dimanche 25 avril 1830, avait lieu la nouvelle inauguration du culte réformé dans la ville de Gex, après une interruption de 170 années. Une pièce de la maison d'un des membres de l'Église, disposée d'une manière simple et commode, réunit, dans cette cérémonie solennelle, le nombre de 130 personnes. M. le pasteur Duminy, qui célébra le service, s'attacha, dans un discours remarquable, à faire sentir aux fidèles les obligations que leur imposait cette restauration du culte de leurs pères ; il leur rappela que ce culte ne devait jamais devenir pour eux une cause d'antagonisme envers leurs concitoyens de la religion romaine, qui, pour la plupart, s'étaient intéressés à leurs efforts, et maintenant applaudissaient à un succès qui plaçait protestants et catholiques sur un pied d'égalité ; puis il leur montra que la prédication du pur Évangile devait, au contraire, avoir pour effet de resserrer tous les liens d'amitié et de bienveillance qui unissent, à Gex, les habitants des deux communions. Depuis cette touchante cérémonie, qui laissa une profonde impression chez tous les assistants, un service religieux fut célébré régulièrement à Gex le premier dimanche de chaque mois par les soins du pasteur de Fernex (*).

Une vingtaine d'années plus tard, le culte évangélique a aussi été rétabli à Divonne, village autour duquel se groupent d'assez nombreuses familles réformées disséminées aux environs, et où la création d'un établissement de bains attire chaque année beaucoup de malades appartenant, en partie, à la communion protestante. M. le pasteur Duminy inaugura, le 27 juillet 1851, ce nouveau service, qui fut célébré d'abord, durant quelques années, pendant l'été seulement, par les soins de la Société genevoise de secours religieux pour les protestants disséminés, et sous le patronage du Conseil presbytéral de Fernex. Au début, on utilisa, pour ce culte, divers lo-

(*) Ce service est devenu maintenant un service de quinzaine.

caux particuliers, entre autres une salle de l'établissement hydrothérapique, obligeamment prêtée par le propriétaire, M. Paul Vidart. En 1870, ces locaux provisoires firent place à une fort jolie chapelle, qui fut ouverte le 30 octobre de la même année. Deux ans plus tard, en 1872, Divonne fut pourvu d'un pasteur, dont l'activité s'étend sur sept communes comptant ensemble environ 230 protestants.

En 1878, il a été construit, à St-Genis, une école protestante, dans laquelle se trouve une salle affectée au culte réformé. Cet édifice est le point de ralliement de 110 protestants, répandus dans cinq communes de cette région. Ce groupe dépend de Fernex et de son pasteur. Celui-ci est aidé et suppléé à l'occasion par un instituteur-évangéliste établi dans la localité.

Le village de Farges est devenu, depuis 1880, la résidence d'un pasteur, par les soins duquel le service divin est célébré, — à Farges, tous les dimanches, — à Chalex (et aussi à *Bellegarde*) chaque quinzaine, dans l'après-midi. Le culte se tient, à Farges, dans une salle d'école. A Chalex, un temple a été inauguré le 28 décembre 1890. L'édifice, de forme gracieuse, est entièrement construit en bois. Un petit clocher fait connaître l'usage religieux auquel il est destiné.

Le pasteur actuel de Fernex, M. Pasquet, auquel

incombe la direction spirituelle des protestants disséminés dans tout le département de l'Ain, n'a pas cessé, depuis 1858, date de son entrée en fonctions, de développer les œuvres d'instruction religieuse et de moralisation dans cette vaste circonscription, dont l'ancien bailliage de Gex ne forme qu'une partie. Nous ne pouvons entrer dans le détail des divers travaux auxquels s'est attachée son activité; mais nous ne saurions passer sous silence l'établissement des *asiles* fondés par lui à Fernex, l'un, en 1860, pour les jeunes filles, l'autre, en 1862, pour les jeunes garçons. Ces deux établissements ont servi puissamment l'un et l'autre à consolider l'existence des nouvelles Églises réformées du pays de Gex, auxquelles ils ont apporté de précieux éléments de vie religieuse et de durée.

La restauration du culte réformé dans la contrée dont nous avons retracé l'histoire s'est également opérée hors des limites actuelles de l'arrondissement de Gex. Le traité de Paris, du 20 novembre 1815, détacha six communes de l'ancien bailliage, comprenant les villages de Meyrin, Vernier, Saconnex-le-Grand, Pregny, Collex, Versoix et plusieurs hameaux, pour les céder à la république de Genève, devenue canton suisse. Les catholiques de ces communes ne tardèrent pas à se mélanger jusqu'à un certain point avec leurs concitoyens protestants, dont un nombre assez considérable s'établirent sur le territoire réuni du nouveau canton, et c'est par le fait de ce mélange et de la bonne harmonie qui n'a cessé de régner entre les habitants des deux communions que le culte réformé a pu être rétabli dans trois des villages cédés.

Il le fut d'abord à Versoix, grâce aux soins de M. Mouchon, pasteur de Genthod. En 1835, aidé du concours des nombreux protestants domiciliés dans la commune, ce respectable ecclésiastique se procura dans Versoix un local modeste mais suffisant, formé par la réunion de deux salles prises dans une ancienne manufacture. Ce local fut disposé en chapelle, et, dès ce moment, le culte y fut célébré, tous les dimanches de la mauvaise saison, par le pasteur de Genthod. Cet état de choses dura jusqu'en 1858, époque à laquelle un temple nouveau et plus digne de sa destination fut construit pour satisfaire aux besoins religieux de la communauté protestante de Versoix. Celle-ci fut alors constituée comme annexe régulière de la paroisse de Genthod, dont elle faisait déjà partie depuis 1815.

Cette même année 1835 vit une chapelle protestante s'élever à Vernier. M. le pasteur Naville, chef d'un établissement d'éducation distingué, était fixé dans ce village depuis plusieurs années, et y célébrait chaque dimanche dans sa maison un culte domestique, auquel les réformés du voisinage étaient heureux d'assister. L'approche du jubilé anniversaire de la réformation de Genève inspira à M. Naville la pensée de faire construire une chapelle qui lui permettrait de réunir, en plus grand nombre qu'il ne pouvait le faire chez lui, les protestants assez nombreux de Vernier et des hameaux voisins, souvent privés du culte public par l'éloignement où ils se trouvaient de tout temple. M. Naville, en demandant à l'État l'autorisation nécessaire pour l'érection de cette chapelle, offrait de la desservir gratuitement toute sa vie, et de céder, gratuitement aussi, le terrain sur lequel elle serait construite. Le zèle des fidèles de Genève s'éveilla au contact du dévouement chrétien de M. Naville et permit de voir bientôt s'élever le nouveau sanctuaire. L'inauguration de cet édifice, qui allie, à toute la simplicité réclamée par le protestantisme pour ses lieux de culte, une architecture des plus élégantes, eut lieu le 30 avril 1837. Le discours de consécration fut prononcé par M. Humbert, pasteur de la paroisse de Satigny, dont relève, comme annexe, la petite communauté réformée de Vernier.

Le 14 mai 1852, une école évangélique fut ouverte dans le village de Pregny, et l'on y joignit un culte pour la jeunesse. De nouvelles circonstances amenèrent plus tard la suppression de l'école, mais le service religieux lui a survécu et se célèbre encore maintenant, dans une maison particulière, sous la forme qu'il avait revêtue dès son origine.

Au moment où nous écrivons, plus de deux cents ans se sont écoulés depuis l'époque où la révocation de l'édit de Nantes proscrivit le protestantisme du pays de Gex. Et pourtant, ainsi que nous venons de le voir, malgré les efforts de Louis XIV et des évêques François de Sales, Jean d'Aranthon, Michel-Gabriel de Rossillion, le culte réformé vit et prospère aujourd'hui dans neuf des localités où le célébraient autrefois les protestants du dix-septième siècle. Des réunions religieuses d'un genre plus familier ont lieu également dans quelques autres villages ou hameaux : à Sergy, à Crozet, à Villeneuve (hameau dépendant de cette commune), et à Fenières (commune de Thoiry). Une ère de tolérance a remplacé les jours néfastes de la persécution, et les réformés domiciliés sur le sol de l'ancien bailliage y rendent en paix au Seigneur ce même culte d'esprit et de vérité que leurs ancêtres en la foi ne pouvaient lui offrir qu'au prix de tant de sacrifices, de dangers et de souffrances.

Nous sommes parvenus au terme de la tâche que nous nous étions prescrite. Bien souvent, dans le cours de ce récit, nous avons eu à déplorer les malheurs de nos Églises ; bien souvent nous avons dû protester, au nom de la justice et de l'humanité, contre le zèle amer et fanatique de leurs persécuteurs. Mais jamais, en traçant ces lignes, nous n'avons eu d'autre pensée que celle de faire connaître à nos frères des faits que le temps efface chaque jour, et dont il est utile pourtant de conserver la mémoire ; jamais le désir de soulever une polémique irritante n'est entré dans notre esprit. Nous nous plaisons même à le déclarer, nous nous sommes trouvés heureux de rencontrer, parmi les adversaires de nos convictions et de nos principes, quelques-unes de ces nobles figures dont on aime à retracer le caractère, tout en déplorant l'emploi, trop souvent fatal, de leurs talents et de leurs vertus.

Et maintenant, la pensée qui se présente à nous, ce n'est pas une pensée de haine ou de réprobation pour le parti victorieux, c'est une pensée de commisération pour le faible, de sympathie pour l'opprimé, de réconciliation, de paix et de fraternité pour tous. Le cri qui nous échappe en terminant, ce n'est pas un anathème, c'est une plainte, mais une plainte apaisée par un rayon d'espérance. Après avoir gémi avec le psalmiste sur les infortunes de Jérusalem, nous nous écrions avec lui :

« Mais toi, ô Éternel, tu subsisteras toujours, et « l'on se souviendra de toi de génération en génération. Lève-toi, prends pitié de Sion ; le temps « de ta miséricorde, le temps fixé est arrivé ; tes « serviteurs sont affectionnés à ses masures, et ils « s'attendrissent sur sa poussière ! »

APPENDICE

Rôle des pasteurs des Églises réformées du pays de Gex.

La liste que nous sommes parvenus à dresser présente encore de nombreuses lacunes, surtout pour le seizième siècle. Cependant, quoique imparfaite, cette liste pouvant offrir quelque intérêt, nous croyons devoir la publier ici.

Les diverses circonscriptions paroissiales qui ont été successivement en vigueur dans le pays de Gex nous appellent à diviser le rôle des pasteurs en trois séries :

1° Depuis la Réformation (1536) jusqu'à la démolition des temples (1662) ;

2° Depuis la démolition des temples jusqu'à la révocation de l'édit de Nantes (1685) ;

3° Depuis la restauration du culte évangélique (1797) jusqu'au temps présent.

Le trait placé entre deux dates (-) indique la durée entière d'un pastorat.

Ire Série (1536-1662).

Paroisse de Gex.

(Cette paroisse fut souvent desservie par deux pasteurs.)

159. ? Caille.
1598-1600. Arnoult Martin, de Hauteville en Champagne.
1600. Japé, de Genève.
1603. Daniel Molans.
1607, 1612. David du Piotay, de Genève.
1620. François Borsat.
1621, 1637. Jacques Gautier, de Genève.
1626. Daniel Sarret.
1641, 1647. Amed de Bons, du bailliage de Gex.
1657, 1662. Samuel Rouph, du bailliage.

Paroisse de Divonne, Grilly et Crassier.

15.. ? Jean Manessier, de Béthune en Artois.
1599, 1600. Jacques Gaussen.
1603. P. Grillet.
1612, 1620. Jacques Gautier.
1622, 1631. Paul Baccuet, de Genève.
1631-1632. Nicolas Antoine, de Brieu en Lorraine.
1632-1662. Jean-Louis Dupré ou Desprez, de Genève.

Paroisse de Sessy, Sauvernier et Segny.

1545. Antoine Maurice.
1603. Morin.
1612, 1641. Jacques Clerc, de Thonon, (déjà dans le bailliage en 1606).
1647, 1662. Gabriel Héliot, de Bourgogne.

Paroisse de Collex et Fernex.

(Au commencement du dix-septième siècle, le culte était aussi célébré à Ornex.)

1538. François Dupont, de l'Angenois, à Collex et à Moins.
1544. Aymé Megret, à Collex et à Moins.
1602, 1622. Pierre Prevost, du bailliage, pasteur conjointement avec son fils, de 1618 à 1622, et vivant encore dans la paroisse en 1629.
1618-1656. Joseph Prevost, fils.
1657-1662. César Rey, de Trièvc en Dauphiné.

Paroisse de Versoix.

1543. Antoine Marcourt.
15... Antoine Martin ou Martini.
1603. Pierre? De Preaux.
1612. Jean Périer, de Lausanne.
1620. Jean Serralongue.
1621. Aubert.
1623. Pierre Collins (Colinet?)[1]
1626. François Perreaud ou Perreault, du bailliage.
1637. David Piaget.

(Vers 1637, l'exercice du culte ayant été interrompu à Versoix, cette paroisse fut, quelques années plus tard, réunie à celle de Collex et Fernex.)

[1] Quoique le rôle des pasteurs de l'an 1623, laisse le nom de sa paroisse en blanc, Pierre Collins, était vraisemblablement ministre à Versoix, toutes les autres Églises du bailliage étant, cette année-là, pourvues de pasteurs.

Paroisse de Saconnex-le-Grand, Pregny, Meyrin et Vernier.

1552. Philippe Osias, dit de Ecclesiâ, du diocèse de Ficzon.
15..(?) Matthieu Essaultier.
15.. ? Pepin.
1603. Aubery.
1612, 1623. Pierre de Preaux ou Despreaux, de Dieulefit.
1623, 1626. François Borsat (encore pasteur dans le bailliage en 1630).
1637. Jean Jappé, pasteur de Chalex, dessert aussi Saconnex.
1639, 1647, Osée Gautier, de Genève.
1647-1659. Charles Agnel, de Riez en Provence.
1659 ?-1662. Lazare Armet.

Paroisse de Crozet, Chevry et Pouilly.

15.. ? Pierre Pereald.
1589. Girard Barbier.
1603. Pereal. (Peut-être le même que le suivant.)
1612. Andoche Perreauld, du bailliage.
1620. Aimé Perreau.
1623, 1637. Pierre Despreaux.
1640, 1654. Guérin.
1660-1662. Samuel Bernard, de Genève.

Paroisse de Thoiry, St-Jean-de-Gonville et Sergy.

1603. Quinson.
1612, 1647. Abraham Du Pan, de Genève.
1623. Jean Serralongue (encore dans le bailliage en 1628).
1629, 1655. François Perreaud.
1656 ?-1660. Samuel Uchard.
1660-1662. Théodore Vautier, de Genève.

Paroisse de Chalex.

1603, 1647. Jean Jappé, de Genève.

1647-1662, Osée Gautier, de Genève.

Paroisse de Farges et Peron.

1598. Du Til.

1603. Perret.

1612. Jean-Baptiste Châlon, de Lausanne.

1620, 1626. Amé de Bons.

1637. François Perreaud, pasteur de Thoiry, dessert aussi Farges.

(Quelques années plus tard, la paroisse, se trouvant toujours sans pasteur, fut divisée; le village de Farges fut adjoint à l'Église de Collonges; celui de Peron, à l'Église de Chalex.)

Paroisse de Collonges et Pougny.

1590. Cresson.

1603. Gros.

1612. Jean-Baptiste Châlon, pasteur de Farges, dessert aussi Collonges.

1620. Jean-Baptiste Châlon.

1623, 1626. Joseph Aubery.

1632. Amod ? de Bons.

1637, 1662. Jacques Clerc, fils.

Nous joignons à cette liste quelques pasteurs dont les noms nous ont été conservés, sans que nous sachions dans quelle paroisse ils accomplirent leur ministère:

15.. ? Thomas Hénault, de Montalet près Paris.
1589. Abel Pereald (1).
1592. Quentin Renvoy.
1593. Claude Aubery.
1597. Livet.
1626. Laplanche, pasteur déchargé.

(1) Abel Pereald ou Perreaud (fils de Pierre, dont la consécration au saint-ministère eut lieu à Gex en 1537), fut père de François Perreaud, pasteur à Versoix et à Thoiry. Leurs descendants convertis au catholicisme, existent encore dans le pays de Gex.

IIme Série (1662-1685).

Paroisses de Gex, Divonne, Sessy, Collex (Versoix) et Saconnex recueillies à Fernex.

1662-1684. Samuel Rouph.
1684-1685. Pierre Roch la Tour, du bailliage de Gex.
1663-1667. César Rey, substitué.
1663-1664. Gabriel Héliot, id.
1667-1684. Pierre Roch la Tour, substitué.

Paroisses de Crozet, Thoiry, Chalex (Farges) et Collonges, recueillies à Sergy.

1662-1667. Jacques Clerc.
1667-1685. Louis Roch, du bailliage de Gex.
1663 (janv. à juin). Théodore Vautier, substitué.
1663-1664. Lazare Armet, substitué.
1664-1667. Gabriel Héliot, substitué.
1667 (septembre ? à décembre). Louis Roch, substitué.

IIIme Série (1797-1890).

Pasteurs de Fernex et de l'arrondissement de Gex.

1797. Jean-Henri Ebray, de Genève.
1803. Antoine-Jean Percy, de Genève.
1819. Albert Eymar, de Genève.
1824. François Cheyssière, de Genève.
1825. Antoine Verren.
1827. Jean-Auguste Duminy.
1858. Pierre Pasquet.

Pasteurs de Divonne.

1872. Eugène Werner.
1875. Auguste-Constant Bippert.
1883. Etienne Vaury.
1886. Gustave Roullet.
1890. Théophile Charpiot.

Pasteurs de Farges.

1880. Louis Jacques.

TABLE DES MATIÈRES

SECONDE PÉRIODE

Depuis l'établissement de l'édit de Nantes dans le pays de Gex jusqu'à sa révocation.

TROISIÈME PÉRIODE

Depuis la révocation de l'édit de Nantes jusqu'au temps présent.

GENÈVE. — IMP. M. RICHTER, RUE DES VOIRONS, 10.

GENÈVE. — IMP. RICHTER, RUE DES VOIRONS, 10

www.ingramcontent.com/pod-product-compliance
Ingram Content Group UK Ltd.
Pitfield, Milton Keynes, MK11 3LW, UK
UKHW020133220726
13923UKWH00001B/136

9 782019 989279